Sanar para aceptar mi cuerpo

MARIAN DEL ÁLAMO

Sanar para aceptar mi cuerpo

Refuerza tu autoestima
y mejora la relación contigo misma

Grijalbo

Papel certificado por el Forest Stewardship Council®

Primera edición: mayo de 2024

© 2024, Marian del Álamo Robledo
© 2024, Penguin Random House Grupo Editorial, S. A. U.
Travessera de Gràcia, 47-49. 08021 Barcelona

Penguin Random House Grupo Editorial apoya la protección del *copyright*.
El *copyright* estimula la creatividad, defiende la diversidad en el ámbito de las ideas y el conocimiento, promueve la libre expresión y favorece una cultura viva. Gracias por comprar una edición autorizada de este libro y por respetar las leyes del *copyright* al no reproducir, escanear ni distribuir ninguna parte de esta obra por ningún medio sin permiso. Al hacerlo está respaldando a los autores y permitiendo que PRHGE continúe publicando libros para todos los lectores.
Diríjase a CEDRO (Centro Español de Derechos Reprográficos, http://www.cedro.org) si necesita fotocopiar o escanear algún fragmento de esta obra.

Printed in Spain — Impreso en España

ISBN: 978-84-253-6684-0
Depósito legal: B-4.473-2024

Compuesto en Promograff - Promo 2016 Distribucions

Impreso en Liberdúplex, S. L.
Sant Llorenç d'Hortons (Barcelona)

GR 6 6 8 4 0

*Para ti, que un día aprendiste que tu cuerpo no valía,
que no eras suficiente, que te maltrataste para intentar ser feliz,
perdiéndote en un mar de perfeccionismo y exigencia*

*Para ti, que usaste como supiste las herramientas que tenías para sobrevivir.
Y lo hiciste, sobreviviste, pero ahora toca sanar y encontrar tu bienestar*

Para ti, para que encuentres el refugio que necesitas y el abrazo que mereces

Para ti y para tu valioso templo: tu cuerpo

Índice

Nota de la autora. Aclaraciones y anotaciones
    antes de comenzar 13
Introducción. Cómo se construye la imagen
    corporal 15

1. Hablemos de autoestima 19
    Pirámide de la autoestima 25

2. Imagen corporal 35
    Componentes de la imagen corporal 35
    Trastornos relacionados con la imagen corporal ... 48
    Factores sociales: gordofobia, pesocentrismo
        y discriminación 55

3. Entendiéndome y comprendiendo mi historia 69
    Heridas emocionales 70
    El apego 88
    Disociación: la teoría del yo rechazado 106

4. Entiende cómo te relacionas contigo y con los demás:
    los estados del yo 113
    Los estados del yo 115
    El guion de vida 122

5. Los pensamientos deformados sobre mí 127
   Tipos de distorsiones cognitivas 128
   La docena sucia 132

6. Tu sistema de creencias: creencias limitantes 155
   Lista de creencias limitantes 158
   ¿Cómo trabajar las creencias limitantes? 163

7. Emociones y satisfacción corporal 167
   Emociones, ciclo menstrual e imagen corporal ... 172
   «Me siento gorda», «Me siento fea» 174
   Culpa por no ser normativa, culpa por no cumplir
      con el ideal de belleza 181

8. Duelo por el cuerpo deseado 187
   Yo ideal *vs.* Yo real 189
   Ajusta las expectativas sobre tu cuerpo y lo que
      debería ser 191
   Trabaja el duelo con tu cuerpo 195

9. Aceptación corporal y relación con la comida 199
   Comer emocional 200
   La cultura de la dieta 204
   Restricción-atracón 210
   Comer de forma consciente *vs.* cultura
      de la dieta 212
   ¿Cómo afrontar los cambios físicos mientras
      sanas tu relación con la comida? 216

10. ¿Cómo me trato? 221
    ¿Qué es el autocuidado? 221
    ¿Qué debes hacer para cuidarte
       genuinamente? 234

Cosas que haces sin querer y empeoran la relación
con tu cuerpo (sobre todo en el proceso
de sanación) 246

11. Cambia contigo y con los demás 249
    Límites con tu cuerpo y el resto: marcar límites
    y recibirlos 249
    Autodiálogo y autocompasión 266
    Aceptar y recibir elogios..................... 272

12. ¿Qué puedo hacer para fomentar una imagen
    corporal saludable en los demás?............ 277
    Cincuenta halagos bonitos que puedes hacer
    y que no son hacia el físico 279

13. Mi cuerpo, mi templo, mi lugar seguro.......... 283

Agradecimientos 289
Bibliografía 291

Nota de la autora

Aclaraciones y anotaciones antes de comenzar

> Hay tres cosas extremadamente duras: el acero, los diamantes y el conocerse a uno mismo.
> BENJAMIN FRANKLIN

Todos los casos que aparecen en el libro han sido modificados en nombre e historia, con características y datos ficticios, para respetar la intimidad y el anonimato. Avalo que en ningún caso se exponen datos reveladores sobre ninguna persona ni su intimidad.

En el libro se emplea el femenino genérico porque va dirigido a «personas». Además, la presión social por el físico, la perfección y la exigencia suele ser mayor en mujeres, que también acostumbran a presentar un mayor funcionamiento desadaptativo en relación con ellas y su cuerpo. Sin embargo, es un libro apto para cualquier persona, indistintamente de su género.

Aquellos ejercicios que sean tipo imaginación y fantasía, léelos antes con calma para conocerlos, y después conecta contigo respirando y con los ojos cerrados. Haz el ejercicio mientras lo lees, usando la imaginación (con los ojos abiertos), o después de leerlo, con lo que recuerdes (y los ojos cerrados). Luego anota tus sensaciones, tus conclusiones, lo que has sentido. Escribir hace las cosas presentes.

- Si el ejercicio no es de fantasía o imaginación, escribe la respuesta en el libro o en un cuaderno tuyo de trabajo.
- Te recomiendo que hagas los ejercicios con conciencia. No sirve de nada hacerlos rápido y mal. Recuerda que no se te va a evaluar, sino que el objetivo es que aprendas y conectes contigo y tu reconciliación. El primer paso para sanar es conectar contigo.
- Si salen emociones, no las capes; permite que salgan. Es normal que te emociones con algún ejercicio. Si pasa, no te juzgues y abrázate.
- Si hay ejercicios que son duros para ti por el momento vital en el que estás, sáltatelos. Es importante que te sientas preparada y abierta para hacerlos. Si vas a terapia, puedes comentárselo a la persona que te acompaña para que te ayude.
- Si no vas a terapia, puede que el libro te active cosas y comiences a creer que la necesitas o a cerciorarte de ello. Nadie como tú para saber identificar tus sensaciones y necesidades, y pedir ayuda.

El cuerpo es un vínculo para conectarte directamente con el presente, y, a su vez, para trasladarte a tus recuerdos del pasado y animarte a explorar vivencias futuras. Es una herramienta muy poderosa. Además, es tu templo, el lugar que habitas, que te porta y te acompaña en el día a día, quien te permite vivir y transitar situaciones vitales. Tu cuerpo eres tú de forma genuina y natural.

Sin embargo, lo has (y se lo ha) juzgado por no ser perfecto, lo has (y se lo ha) maltratado para que lo sea. Te has olvidado de su verdadera salud, de tu verdadera salud. Ahora toca cambiar esto. Tienes que aprender a aceptarlo incondicionalmente para que sea tu mayor cómplice y no tu enemigo y saco de boxeo. ¿Me acompañas?

Introducción

¿Cómo se construye la imagen corporal?

A lo largo de mi carrera profesional, pero también personal, he tomado conciencia de la importancia de trabajar esta reconciliación con una misma y con la imagen corporal propia; de lo necesario que es cambiar el paradigma, la cultura, la sociedad y lo aprendido, y sanar lo vivido, para mejorar la relación con tu cuerpo y contigo misma; de la importancia que tiene sanar de verdad, cambiando la forma de verte y cuidarte. Por ello, cuando leas este libro quiero que te cuestiones, que reflexiones y que trabajes para conseguir tu bienestar y aceptación incondicional. Empecemos por el principio.

¿Alguna vez te has preguntado cómo te ves, cómo te has visto desde que naciste hasta ahora, cómo ha cambiado tu perspectiva sobre ti, en qué momento comenzaste a rechazar tu cuerpo, cuándo pasó a ser algo tan importante para ti?

Nadie nace odiándose. Nadie nace odiando su cuerpo. De hecho, un bebé o una criatura pequeña, no nace expresando ese rechazo hacia sí misma. Ese rechazo se va construyendo a través de las vivencias y experiencias de la vida, a la par que se crece. Es un cambio sutil que se instaura en ti casi sin que lo percibas, hasta que un día te das cuenta de que quizá es más antiguo de lo que creías y de que ha llegado el momento de sanar para volver a abrazarte y verte con cariño.

Tu historia familiar y vital, tus figuras parentales (a las que copias y tomas de modelo, sin cuestionarlas), las experiencias de la infancia (burlas, acoso escolar...), los cambios físicos (adolescencia, embarazo, vejez, enfermedad...), los ideales de belleza, la exposición a las redes sociales, las modas, etc., todo ello influye en la creación de la imagen que tienes de ti y altera la imagen genuina con la que naces. De hecho, son todas estas experiencias las que explican por qué a una amiga la ves maravillosa cuando ella no se ve así. Porque detrás de ti no hay todo lo que ha vivido ella. Se trata de perspectivas y vivencias diferentes que, a menudo, hay que sanar.

En los primeros capítulos de este libro, además de entender qué es la autoestima y la imagen corporal, podrás entender tu pasado, conectar con tus heridas y comprender tu funcionamiento, por qué te ves como te ves y rechazas esa imagen de ti. Te ayudaré a explorar lo que viviste y a tomar conciencia de lo que te pasó para que puedas reconciliarte contigo y curar esas heridas, y te daré herramientas para que aprendas a protegerte, comprenderte y cambiar la relación contigo misma.

Ahora bien, la visión que tienes de ti (y del resto), ya sea positiva y saludable o todo lo opuesto, no responde a una única experiencia, sino que está vinculada a múltiples factores. Se trata de un puzle de muchas piezas que, al unirse, forman esa imagen de ti. Además, esta se retroalimenta con lo que haces. Si te ves de una manera, actúas de una manera, y eso retroalimenta el círculo vicioso de tu funcionamiento (es decir, de tu manera de ser o de vivir). Por ello, después de comprender, en los primeros capítulos, cómo eres y por qué te relacionas así con tu cuerpo, contigo o con los demás, deberás iniciar un recorrido por los pensamientos y creencias que has construido desde pequeña y que, quizá, no son tan saludables para ti.

Estos pensamientos y creencias, a su vez, te hacen sentir de un modo concreto, por lo que es necesario que aprendas a entender y gestionar tus emociones, y sigas con cómo actúas y cómo te tratas. Aprenderás a conocer cómo afecta esta imagen a tu relación con la comida, y te enseñaré a recoger halagos, a aceptar tu cuerpo tal como es y a relacionarte con los demás marcando los límites necesarios. Encontrarás ejercicios y casos que te harán reflexionar, aprender y poner en práctica los conocimientos necesarios para sentirte bien contigo y con tu cuerpo. Podrás continuar este camino de sanación para conseguir afrontar el duelo por un cuerpo deseado que quizá no te pertenece y te hace sentir dolor, y, para terminar este proceso, comprenderás que tu cuerpo es tu templo y debes empezar a verlo y tratarlo como tal.

Para comenzar, te invito a realizar este ejercicio para indagar en tu historia vital:

EJERCICIO
La línea de vida

Para crear la línea de la vida solo debes dibujar una línea horizontal. En ella expondrás tus momentos vitales positivos y negativos, tanto en relación con tu imagen y contigo como importantes para tu vida en general; momentos que has vivenciado y que recuerdas. Los positivos irán arriba; los negativos, abajo. Después añade a cada una de esas etapas la percepción que tenías de ti: cómo te ves y cómo te sientes, tanto en el pasado como en el presente, en cada etapa vital.

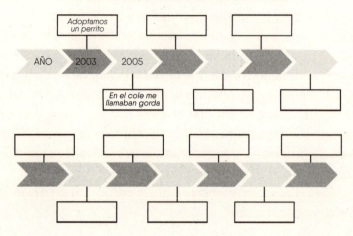

La imagen corporal cambia, evoluciona; no es algo estático, sino dinámico, que depende del momento y la experiencia vital. Dejar que tu cuerpo cambie forma parte de tu proceso vital y te permite evolucionar, vivenciar, crecer. Es natural que tu cuerpo se vaya modificando; date permiso para ello.

1
Hablemos de autoestima

¿De qué hablamos cuando hablamos de querernos? ¿De qué hablamos cuando hablamos de aceptarnos? La autoestima física se relaciona con cómo te ves por fuera, pero depende, en gran medida, de cómo te ves por dentro. Porque, para aceptarte por fuera, debes aprender a trabajarte también por dentro. La autoestima física —aunque se llame así— no depende solo del físico ni consiste en modificar tu cuerpo, sino en aceptarlo incondicionalmente desde el cariño y la compasión. Y, para ello, hay que sanar por dentro. A menudo, el rechazo al cuerpo es la forma de expresar el dolor que está oculto.

De hecho, uno de los errores más comunes es creer que trabajando la autoestima conseguirás verte bien todo el rato. Este no siempre es el caso ni tiene que ser el objetivo. El objetivo consiste en que a veces puedas no gustarte y, simplemente, no pase nada, lo aceptes sin más, sin que eso te genere odio ni rabia hacia ti, sin que quieras cambiarte. Que te aceptes como cuando sí te gusta lo que ves. El objetivo es comprender y aceptar que no siempre te verás bien ni siempre te verás mal. **Porque cuando te aceptas y te quieres, aunque no te veas «perfecta», te quitas el lastre de la perfección autoimpuesta. Vuelas libre.**

Y este trabajo es un continuo, para toda la vida, ya que vas cambiando, evolucionando, transitando por el mundo y con quien te rodea, con pruebas y obstáculos que te hacen aprender, reaprender, practicar y abrazar(te).

Seguro que has oído el concepto «tener "buena" autoestima». Sin embargo, no es la expresión más adecuada, ya que la autoestima puede oscilar según el momento vital. De hecho, cambiará y se transformará a lo largo de tu historia. Puede estar más o menos equilibrada, ser más o menos sana, pero no es buena ni mala. La idea es que puedas trabajarla para conseguir estabilidad y abrazar los momentos de mayor vulnerabilidad.

Cuando hablo de autoestima «sana» o «equilibrada», me refiero a una estima favorable hacia ti misma. Pero, tranquila, esto no es sinónimo de narcisismo ni egocentrismo, porque en la autoestima sana también dejas espacio a la vulnerabilidad y a que las cosas salgan mal, a reconocerlas y aprender de ellas. No te gustará todo de ti, y, como decía antes, también debes aprender a aceptarlo y abrazarlo. De hecho, eso denota una autoestima trabajada. Ahora bien, debilidad y vulnerabilidad no son lo mismo. Tienes que dejar de luchar con tus vulnerabilidades para poder aceptarlas y aceptarte con ellas. Aunque te parezca raro y la sociedad te haya hecho creer lo contrario, precisamente el hecho de perseguir la perfección es lo que te aleja del amor propio.

Pero ¿a qué me refiero cuando hablo de «autoestima»? Podríamos entenderlo como tener una estima, aprecio o amor saludable hacia ti misma; creer en tus ideales y en tu poder para conseguir las metas o logros que te propongas, y creer que mereces el bienestar, felicitándote por lo que haces y consigues, y aceptando lo que no se te da bien. Una autoestima equilibrada también consiste en aceptar que no sabes hacer algo y, en consecuencia, proponerte aprender o saber pedir ayuda, y aceptar los errores con cariño y empatía en lugar de juzgarte y criticarte por ellos.

Comparto contigo varias claves que tener en cuenta para una autoestima sana, y cómo se interrelacionan con el físico:

CLAVE	DEFINICIÓN	RELACIÓN CON EL FÍSICO
Juicio personal positivo	Aspectos positivos, lo que se debe hacer o lo que ya se ha conseguido, así como lo que queda por conseguir. Ganancias *vs.* pérdidas.	Un juicio personal positivo, sin juicio de valor hacia tu cuerpo, y una buena relación con tu aspecto.
Aceptación personal	Estado de bienestar: asumir tus limitaciones, aceptar los errores y trabajar las expectativas y frustraciones.	Cuando no hay buena gestión de las frustraciones ni aceptación de las limitaciones, generas una compensación desde la exigencia y la perfección que puede darte como resultado la mala relación contigo y tu cuerpo.
Aspecto físico	Integración del aspecto físico con tu personalidad. Aceptar tu figura y tus características fisiológicas.	Una buena integración de tu aspecto físico te permite aceptar tu imagen personal. Cuando hay características fisiológicas lejos de la normatividad, también hay que hacer un trabajo de aceptación e integración.
Patrimonio psicológico	Aprender a percibir la personalidad de manera positiva integrando pensamientos, sentimientos, emociones, inteligencia, rasgos, etc.	Tu personalidad, los rasgos que la definen y los pensamientos y emociones que desprende también deben ser aceptados, ya que es posible que, si no, compenses desde el aspecto físico. «No me acepto como soy por dentro, así que voy a intentar ser perfecta por fuera».

CLAVE	DEFINICIÓN	RELACIÓN CON EL FÍSICO
Entorno sociocultural	Relaciones sociales y contexto saludable.	El contexto es fundamental para tener una relación saludable con tu cuerpo: la cultura de la dieta, el ambiente gordofóbico, el nivel socioeconómico, etc.
El trabajo	Satisfacción personal y autorrealización, además de las ventajas económicas que conlleva.	Una de las necesidades más altas es conseguir la realización personal y la satisfacción, y, si no se logra desde el trabajo u otras circunstancias, de nuevo puede haber una tendencia a compensar con el cuerpo y el aspecto físico.
Trabajar la envidia y las comparaciones	Usar a los demás como referencia e inspiración, no como apertura al odio y la crítica. Tener un proyecto de vida satisfactorio y propio.	Las comparaciones insanas te llevan a un grado de insatisfacción que puede desencadenar la tendencia a corregirla desde la perfección del aspecto físico.
Empatía	Comprender, entender, tolerar y perdonar.	La empatía hacia ti misma y tu historia vital te ayuda a construir una satisfacción corporal positiva.
Hacer cosas positivas por el resto	Entregarte a los demás: generosidad + satisfacción personal. No es autosacrificio ni anulación. Límites sanos.	Marcar una prioridad hacia ti y tus límites puede ayudarte a mejorar la forma en la que te relacionas contigo y tu cuerpo.

EJERCICIO
Explora las claves de tu autoestima

¿Qué tiene que ver esto con tu cuerpo y con aceptarlo? Son factores que influyen mucho en cómo te ves y cómo te relacionas con tu cuerpo. Por ello, te dejo un ejercicio para que reflexiones e indagues más en ti. En la columna de la derecha puedes ver de qué forma podrían estar afectándote estos factores.

	GENERAL	CUERPO
Juicio personal		
Aceptación personal		
Aspecto físico		
Patrimonio psicológico		
Entorno sociocultural		
El trabajo		
Trabajar la envidia y las comparaciones		
Empatía		
Hacer cosas positivas por el resto		

Como te explicaba más arriba, tener una autoestima sana o equilibrada no es sinónimo de ser ególatra o narcisista, ya que no es lo mismo reconocer lo que vales que creer que por ello eres mejor que los demás. En este cuadro verás las diferencias, que te ayudarán a desmitificar esta creencia.

AUTOESTIMA SANA	AUTOESTIMA BAJA
• Sientes bienestar. • Sientes que eres importante. • Abrazas tus puntos fuertes y débiles. • Tienes confianza en tus habilidades. • Valoras tus logros. • Expresas tus sentimientos y emociones, y les das espacio. • Te planteas nuevos objetivos, metas y retos. • Tienes empatía y solidaridad, y ofreces apoyo. • No te alegras si los demás fallan. • Te muestras optimista. • Si te quedas en tu zona de confort no es por miedos o inseguridades, sino porque realmente está bien para ti. • Das espacio a tu diversión y espontaneidad sin juicio (niño natural vs. padre crítico).	• Sientes malestar. • Sientes que los demás son más importantes que tú. • Solo eres capaz de ver tus puntos débiles y lo haces de forma negativa. • No valoras tus logros y te cuesta conseguir metas. • Evitas riesgos y te quedas en lo conocido. • Te cuesta compartir cómo te sientes porque piensas que es de débiles. • Te victimizas. • Culpas a los demás o a ti misma de tus errores. • No crees en tus capacidades ni en tu esfuerzo. • Te alegras si los demás fallan. • Te muestras pesimista, sin espontaneidad ni diversión.

AUTOESTIMA SOBREELEVADA (rasgos narcisistas yególatras)

- No hay equivocación posible en ti; siempre se equivocan los demás.
- Piensas que eres la mejor en todo lo que haces.
- Crees que todas las personas te admiran y te quieren.
- No hay nadie como tú; te sientes superior a los demás.
- Quieres siempre lo mejor.
- Piensas que puedes hacerlo todo y hacerlo siempre bien.
- Te encanta recibir elogios constantes.
- Tu amor propio no es sano. Falsa seguridad.
- Sientes que eres merecedora de más que los demás.
- Eresególatra.

Recuerda que la idea es conseguir una autoestima equilibrada y realista. A veces tendrás que aceptar algo que no te guste; simplemente lo harás, y no pasará nada. Cuando dejas de lado el término «buena» o «mala», también dejas de lado la comparación con los demás y con lo que «debería» ser.

AUTOESTIMA FÍSICA SANA	AUTOESTIMA FÍSICA BAJA
• Aceptas tu cuerpo tal como es. • Abrazas tus imperfecciones. • Reconoces lo que te gusta de tu cuerpo. • Admiras su capacidad de supervivencia y de acompañamiento. • Aceptas que no siempre te verás bien. • Abrazas las emociones que te evoca, dando espacio a cada una de ellas. • Cuidas tu cuerpo desde actividades reforzantes, de autocuidado, alimentación… • Trabajas para mejorar la relación con tu cuerpo.	• Rechazas tu cuerpo si no es perfecto. • Odias y juzgas las imperfecciones. • Te cuesta ver cosas que te gusten. • Ves el cuerpo como un mero ente físico y te olvidas de todo lo que es en su globalidad. • No toleras verte mal. • Evitas o juzgas las emociones que te evoca dependiendo del día, si estas no son agradables. • Maltratas tu cuerpo en tu intención de que sea siempre perfecto, pero te olvidas de lo realmente importante para él. • No trabajas para mejorar, aunque creas que sí. • Antepones el aspecto físico a la salud.

PIRÁMIDE DE LA AUTOESTIMA

En este apartado podrás entender los componentes de la autoestima para trabajar cada uno individualmente y llegar a la cúspide: conseguir relacionarte contigo misma de forma saludable.

Autoconocimiento

Es un proceso muy importante para sanar, ya que requiere que indagues en tus capacidades, en tus fortalezas y debilidades, en tus limitaciones… Consiste en asumir que eres un ser único y diferente.

Y como la meta de este libro también es lograr el autoconocimiento y, por tanto, tu unicidad, te dejo algunas preguntas que sería superinteresante que respondieras.

EJERCICIO
Para el autoconocimiento

Responde a las preguntas guardándote este espacio para ti. Dedícales el tiempo que necesites, con calma y cariño. Reflexiona:

1. ¿Quién eres?
   _____

2. ¿Por qué estás aquí?
   _____

3. ¿Hacia dónde te diriges? ¿Adónde quieres dirigirte?
   _____

4. ¿Crees en ti?
   _____

5. ¿Cuáles son tus «debo» o autoexigencias?
   _____

6. ¿Qué es lo que más temes?
   _____

7. ¿Hay algo que te gustaría hacer, pero no te atreves?
   _____

8. ¿Qué huella quieres dejar en este mundo?
   _____

9. ¿Qué es importante para ti?
   _____

10. ¿En qué medida las expectativas de los demás influyen en tu comportamiento?
    _____

11. ¿Estás satisfecha contigo misma?
    _____

12. Si pudieras cambiar una sola cosa de la realidad, ¿qué cambiarías?

13. Si pudieras volver atrás en el tiempo, ¿cambiarías algo o lo dejarías todo como está?

14. ¿Qué es el amor?

15. ¿Cuál es tu mayor logro? ¿Y tu mayor error?

16. Si pudieras empezar desde cero, ¿qué harías?

17. ¿Vives o sobrevives?

18. ¿Hay algo que jamás serías capaz de hacer?

19. ¿Tienes miedo a morir? ¿Qué actitud tienes respecto a la muerte?

20. ¿Qué es lo que más te dolería perder?

21. Si fueras a morir mañana, ¿cómo vivirías el día de hoy?

22. ¿De qué te sientes más agradecida en la vida?

23. ¿En qué medida es importante tu pasado?

24. ¿Cómo ves tu futuro?

25. ¿Hay algo de ti misma que cambiarías?

26. ¿Cuál es tu mejor cualidad?

27. ¿Qué momento de tu vida te ha marcado más?

28. ¿A quién admiras?

29. ¿Tienes la conciencia tranquila?

30. ¿Qué te hace ser quien eres?

Autoconcepto

El autoconcepto es el concepto —valga la redundancia— que tienes de ti, es decir, la impresión o la opinión que presentas de ti misma. Se trata de las percepciones, creencias o actitudes que posees sobre tu persona. En tu autoconcepto puedes encontrar la suma de:

- Tu «yo ideal», encargado de que sepas cómo QUIERES ser.

- Tu «yo responsable», encargado de hacerte saber CÓMO DEBES LLEGAR a ser.
- Tu «yo potencial», encargado de hacerte saber hasta DÓNDE PUEDES LLEGAR a ser.
- Tu «yo esperado», encargado de predecir CÓMO LLEGARÁS a ser.

El autoconcepto incluye no solo lo que crees de ti, sino también lo que los demás creen de ti.

EJERCICIO
Para el autoconcepto

Como no es lo mismo cómo eres que cómo crees que te ven los demás, trata de reflexionar sobre estas diferencias en la siguiente tabla. Después analiza ambas respuestas y piensa si necesitas cambiar algún aspecto relacionado con ellas.

¿CÓMO SOY?	¿CÓMO ME VEN?
«Soy una persona a la que le gusta su espacio personal».	«Los demás me ven como asocial y demasiado independiente».

Autoevaluación

Es importante que a lo largo de tu vida trabajes la autoevaluación, que conecta con la autocrítica, para mejorar y aprender de ti misma. Ya decía al principio que aprender a aceptarse es un camino para toda la vida, y aquí entraría esa evaluación constante (sin juicio negativo) para la mejora. Para ello, debes parar y tomar conciencia de qué te beneficia, qué quieres cambiar, qué te gusta, qué te ayuda, qué te entorpece y qué no, etc. Este proceso implica evaluación, pero recuerda que crítica y evaluación no son lo mismo. La evaluación es empática y compasiva. Que encuentres rasgos que quieres cambiar no quiere decir que *seas* solo eso o que eso esté mal. Por ejemplo: «He actuado con egoísmo en esta situación» no quiere decir que seas egoísta.

EJERCICIO
Para la autoevaluación

¿Te animas a reflexionar sobre aquellos aspectos que te gustaría cambiar o mantener? Recuerda que no debe haber juicio ni crítica, y que, aunque algunos no te gusten, también hay que abrazarlos.

ASPECTOS QUE QUIERO MANTENER	ASPECTOS QUE QUIERO CAMBIAR	¿REALMENTE DEPENDEN DE MÍ? ¿ES VIABLE?
«Mis valores, mi empatía, mis ganas de hacer las cosas».	«Mi tripa, ser más abierta en grupo».	«Lo de la tripa, no como tal. Ser más abierta sí».

Autoaceptación

Ligada a la reflexión del apartado anterior, en el que te explicaba la importancia de autoevaluarte sin crítica, tenemos la autoaceptación. Me refiero a aceptarte de forma cariñosa, reconociendo todas tus características, sin juicio. No eres culpable de ser como eres ni de lo que has vivido, pero sí responsable de trabajar aspectos que puedes cambiar si deseas conseguir tu bienestar. Y, por supuesto, no tienes que llegar a un «yo perfecto» que no existe, sino a un «yo real», desde la aceptación de aspectos que no te gustan, sin rechazarte, sin intentar conseguir la perfección.

EJERCICIO
Para la autoaceptación

COSAS QUE NO ME GUSTAN DE MÍ	LAS ACEPTO	ME HAGO RESPONSABLE
«Soy callada».	«Acepto esta característica de mí y la abrazo».	«En momentos de conversación grupal, intentaré poner en práctica la comunicación».

Autorrespeto

Cuando dejas de lado el juicio y empiezas a practicar la compasión y la aceptación, entras en el camino del autorrespeto. Si tratas bien a los demás, ¿por qué a ti no? Darte valor te ayuda a ofrecerte lo que vas necesitando y a acompañarte en el proceso. Si no te das valor, te olvidarás de ti y harás (o dejarás de hacer) actividades que te gratifiquen.

EJERCICIO
Para el autorrespeto

Repite este mantra conectando con tres respiraciones profundas:

«Yo acepto todas las partes de mí, yo me protejo, yo me abrazo, yo me mimo, yo me atiendo».

Ahora que has entendido la autoestima y sus componentes; ahora que has comprendido las diferencias entre autoestima equilibrada y desequilibrada; ahora que puedes practicar el conocerte y reconocerte (autoconocimiento), cuestionarte el concepto que tienes de ti (autoconcepto), preguntarte e indagar en ti (autoevaluación), comprender la importancia de hacerlo desde el respeto, la empatía y la compasión (autorrespeto) y aceptar cada parte de ti (autoaceptación) para conseguir una autoestima equilibrada, independientemente de que quieras trabajarla; ahora que sabes cómo te sientes por dentro, toca reconocer y entender cómo te ves por fuera, cómo te sientes contigo y con tu cuerpo, por qué has aprendido a relacionarte así y qué beneficios o consecuencias llevan a que esa relación se mantenga.

2

Imagen corporal

La imagen corporal es cómo te representas tu propio cuerpo en tu mente, es decir, cómo te ves y cómo ves tu cuerpo cuando te piensas, así como la forma en la que piensas sobre él, actúas respecto a él, lo percibes o lo sientes. Seguramente tú no te veas como te ven los demás, no te trates como tratarías a los demás, no pienses sobre tu cuerpo lo que piensas del cuerpo de los demás y no sientas sobre tu figura lo que los demás sentirían sobre la tuya. Lo entenderás cuando veamos los componentes de la imagen corporal.

COMPONENTES DE LA IMAGEN CORPORAL

La imagen corporal se divide en cuatro dimensiones importantes: perceptiva, cognitiva, emocional y conductual. Todas las personas, para poder crear su imagen corporal (y la de los demás), unen la forma en la que ven y perciben ese cuerpo; la manera en la que piensan ese cuerpo, con sus normas y creencias, con lo aprendido; cómo se sienten con ese cuerpo, qué emociones provoca en ellas, y qué hacen con él o para él.

En este capítulo podrás entender y comenzar a trabajar estas dimensiones, en las que seguiremos profundizando a lo largo del libro, ya que, después de aprender a entenderte y conocer tu apego y tus heridas, irás integrando y trabajando estos componentes.

Componente perceptivo: cómo percibo mi cuerpo

Se trata de cómo ves tu cuerpo, su tamaño y su forma, por partes o la suma de ellas. La percepción del cuerpo no siempre es real; puede estar distorsionada, con características modificadas, magnificadas o minimizadas.

EJERCICIO
Cómo percibo mi cuerpo

Te propongo un ejercicio que me gusta mucho para ver cómo percibimos nuestro cuerpo. Para hacerlo necesitas un rotulador y dos papeles grandes, tan grandes como para poder dibujarte en ellos. Si no los consigues, puedes usar tiza y pintar el suelo. Después es fácil de limpiar.

Vas a plasmar tu silueta, de forma real. Utilizarás dos papeles. En el primero dibujarás cómo crees que eres, cómo es tu silueta, según la percepción que tienes de ti y cómo se proyecta en tu cabeza.

Con la segunda hoja necesitarás la ayuda de alguien. La pondrás en el suelo y te tumbarás encima, y la persona que te ayude se encargará de dibujar tu contorno.

Después pon ambos dibujos en el suelo y trata de buscar diferencias y similitudes en su tamaño o forma.

¿Qué diferencias encuentras? ¿Qué similitudes? ¿Cómo te sientes con ello? ¿Qué te ha llamado la atención?

Un aspecto que suelen tener en común los casos de trastornos de la conducta alimentaria y de autoestima o aceptación corporal que llevo en consulta es que, cuando esas personas echan la vista atrás y reflexionan sobre su pasado, sobre el transcurso de su vida, se dan cuenta de que, independientemente de lo que pesaran, de cómo fuera su cuerpo, ellas siempre lo han percibido de forma negativa. Ya fuera más gordo o delgado, estuviera más o menos cerca del ideal de belleza, siempre estaban insatisfechas con él.

De hecho, cuando trabajamos en visualizar esto juntas, suelen tomar conciencia de que cuando mejor han estado —aun sin gustarles su cuerpo— ha sido antes de empezar a maltratarlo. Fíjate que ese mismo cuerpo «culpable» (muy entrecomillado porque no lo es en realidad) de haber comenzado dietas por querer cambiarlo es el que ahora sabes que te aportaba mayor bienestar. Quizá la culpa no se debe a la forma y figura que tenga el cuerpo. Quizá se debe a lo que hay debajo, ¿no?

Cuando entras en el bucle de buscar la perfección de tu imagen corporal, desde este funcionamiento patológico la imagen no cambia, sino todo lo contrario: aumentan aún más la insatisfacción, la rumiación y la obsesión por llegar a esa supuesta y deseada perfección.

Y mi pregunta es: ¿sirve de algo? ¿Merece la pena lo que supone?

Si de pequeña aprendiste que no valías suficiente, es lógico que creas que es así y eso te haga rechazar la imagen que tienes de ti y percibirla con un sesgo negativo. Pero que lo creas no quiere decir que sea real. Por eso es tan importante trabajar las creencias y las heridas, porque, si no, por mucho que cambies, modifiques y maltrates tu cuerpo, la percepción que tendrás de ti siempre será la misma: desde el juicio, el rechazo y la no aceptación.

Insisto: el abordaje no es cambiar tu cuerpo para sanar; es aceptar tu cuerpo de manera incondicional, independientemente de si te gusta más o menos. Porque por mucho que cambies tu cuerpo por fuera, si lo de dentro sigue igual, nada cambiará.

Componente cognitivo: cómo pienso mi cuerpo

Es la suma de las creencias, los pensamientos y las ideas que tienes sobre tu cuerpo, es decir, qué sientes, piensas y crees sobre él.

Está vinculado íntimamente con cómo te sientes, por lo que la distorsión y el rechazo del cuerpo no responden a cómo es en realidad, sino a cómo lo ves y lo juzgas. Aquí es importante ser conscientes de que el contexto, las circunstancias, el trauma, la forma de apego y las relaciones personales de cada uno influyen mucho en cómo ve su cuerpo y cómo se relaciona con él.

Por ejemplo, si cogemos a dos personas con un cuerpo muy parecido, con el mismo tamaño y peso, pero una de ellas recibió burlas e insultos por su físico en el colegio, y la otra no tuvo problemas en hacer amigas ni amigos ni recibió burlas ni insultos, ¿quién crees que tiene más probabilidad de rechazar su cuerpo?

EJERCICIO
Cómo pienso mi cuerpo

Así, sin leer nada más, trata de pensar en tu cuerpo y de anotar una lluvia de pensamientos sobre él. No los juzgues ni los capes; simplemente déjalos salir y anótalos. Te ayudará a darte cuenta de qué pensamientos surgen de ti y a ser consciente de ellos para poder trabajarlos.

_____
_____
_____
_____
_____
_____
_____
_____

Trabajar los pensamientos asociados al cuerpo es fundamental para sanar, porque estos pensamientos son los titulares del periódico de tu vida, y se han instaurado ahí por las vivencias y los aprendizajes que has tenido. Más adelante encontrarás un capítulo completo para entender y trabajar los pensamientos y las distorsiones.

Cuando naces, la información de la mente está en blanco. Esta se va programando y ampliando en función de lo que absorbes del medio. Por ello, en muchas ocasiones es necesario hacer un trabajo para reprogramar la información que tenemos, desmitificar algunas creencias instauradas y sacar nuestras propias conclusiones de lo que ocurre, en vez de actuar desde un automatismo antiguo.

La única forma de acceder al pensamiento es mediante el lenguaje. No sé si alguna vez te has parado a pensar cómo llegar a tu pensamiento. La única vía y herramienta es el lenguaje, ya sea oral o escrito. Por ese motivo es tan importante el autodiálogo o diálogo interno. Sé que si las personas a las que he acompañado en su proceso terapéutico leen esto, les sacará una pequeña sonrisa, porque soy M-U-Y pesada con ello y lo saben.

El autodiálogo es la conversación que mantienes contigo misma; todas las personas lo tenemos. Es importante observar cómo es para poder ofrecernos un diálogo interno reflexivo, empático, objetivo y constructivo. Observarlo nos aportará un mejor conocimiento interno y nos permitirá darnos cuenta de la realidad, y así podremos cambiar ese diálogo con nosotras mismas y sanar.

Imagínate que cada día de tu vida escucharas una voz en tu cabeza que te dijera: «Boba», «Que eres boba», «Eso que haces es de bobos», «Mira qué boba», en cada situación y en cada momento. Seguramente terminarías creyéndola y actuando en consecuencia. Si esa voz es empática y constructiva, la cosa cambia, ¿verdad?

Componente emocional: qué siento hacia mi cuerpo

Las emociones son grandes protagonistas en la vida de una persona. Están y estarán siempre ahí. Y más en relación consigo misma, su mundo y su cuerpo. Como decía antes, están interrelacionadas con los pensamientos, pero también con las experiencias del pasado.

El cuerpo tiene memoria, y las emociones se conectan de una manera especial con él. Por eso, cuando experimentas algo que un día te pareció especial, seguramente tu cuerpo te lo haga sentir de alguna forma.

Volviendo al caso de la persona que ha sufrido insultos, si el acoso se daba en el colegio y fue una etapa muy dura para ella, seguramente volver a pasar por delante del edificio le evocará emociones de malestar y dolor que conectarán con su propio cuerpo y con la imagen que tenía y tiene de él. Por eso, una parte importante de la sanación es la autocompasión; de esta forma, pase lo que pase, esa persona estará ahí para comprenderse y abrazarse.

Hay muchas emociones que puedes llegar a relacionar contigo y con tu cuerpo: vergüenza, ansiedad, miedo, enfado, frustración, tristeza, etc. A veces no sabrás nombrarlas, pero sí localizar o identificar las sensaciones asociadas en tu cuerpo. Por ejemplo, te miras al espejo después de haber tenido un mal día en el trabajo y te notas una sensación en la tripa como de nervios, y una sensación en el pecho como si se encogiera. Quizá no sabes nombrar qué emoción te atraviesa, pero notas esa sensación, lo que es tan importante, o más, que darle nombre.

EJERCICIO
Cómo me siento con mi cuerpo

De nuevo sin leer nada más, como en el ejercicio anterior, trata de pensar en tu cuerpo y de anotar una lluvia de emociones que sientas sobre él. También puedes anotar sensaciones. No las juzgues ni las capes; permítete sentirlas, déjalas salir y anótalas.

_____

_____

_____

_____

_____

_____

Existe una conexión muy fuerte entre las emociones y el cuerpo. No solo por aquellas que sientes cuando lo miras, sino por todas aquellas que se quedaron guardadas de tu pasado y que hoy en día se ven fusionadas con él. Tu cuerpo de hoy puede tener almacenado el dolor de las burlas del cole, la tristeza de sentirte sola, la incertidumbre de haber sido adulta antes de tiempo, el miedo de las circunstancias de tu pasado, la desprotección de la separación de tus padres, etc.

No hay que dejar de sentir las emociones, sino aprender a identificarlas y gestionarlas para que, cuando salgan, no las asocies a la percepción que tienes de tu cuerpo. Una de las tareas más importantes para sanar consiste en asumir que habrá emociones desagradables y que gestionarlas no consistirá en evitarlas ni en hacer lo posible por que desaparezcan, sino en aprender a transitarlas y sostenerlas. Cuando aprendes, dejas de centrar esa gestión en tu cuerpo como posible forma de control.

Por ejemplo, tuve el caso de una paciente que, cada vez que le salía algo mal en el trabajo, maltrataba su cuerpo y se lesionaba para gestionar su emoción de frustración. En terapia aprendió a transformar esa gestión desadaptativa y a tolerar la frustración, así como a cambiar el diálogo que tenía consigo misma y potenciar el autocuidado, la autocompasión y la empatía. Aprendió a gestionar la emoción de verdad, en lugar de culpar y maltratar a su cuerpo.

Por otro lado, es importante saber escuchar las emociones, y lo que nos quieren decir, para entender las heridas del pasado, trabajarlas y sanarlas. El cuerpo tiene memoria y nos avisa con la alarma emocional. Por ejemplo, conseguir mirarte en el espejo sin que tu cuerpo evoque ninguna emoción desagradable será un esfuerzo en vano si debajo de tu historia se esconde una representación de tu cuerpo cargada de trauma. No podemos exigirle a tu adulta que se acepte cuando la emoción la está avisando de que su niña interior aún necesita sanar.

Componente conductual: cómo trato a mi cuerpo y actúo con respecto a él

Tus acciones dependerán en gran medida de lo que sientas y pienses, así que es común que, si tienes una alteración de tu imagen corporal, lleves a cabo conductas directamente relacionadas con tu cuerpo. Examinarte en el espejo, mirar tu reflejo en los escaparates, pesarte, medirte o compararte son algunas de ellas. Por otro lado, puede que evites la exposición quedándote en casa para que no te vean, ocultándote, etc., lo que podría llevarte al aislamiento.

También encontramos conductas relacionadas con la comida y el deporte, como restringir alimentos o no comer demasiado por lo que puedan pensar, o hacer excesivo deporte con el afán de cambiar tu cuerpo o controlar el peso.

Controlar lo que comes o el deporte que practicas da una sensación de control que hace que te pierdas a ti misma.

EJERCICIO
Cómo trato a mi cuerpo y actúo con respecto a él

Como en los ejercicios anteriores, así, sin leer nada más, trata de pensar en tu cuerpo y de anotar una lluvia de ideas sobre conductas que suelas seguir respecto a él. No te juzgues por ello ni las capes; déjalas salir y anótalas.

_____

_____

_____

_____

_____

_____

_____

Estas conductas son el resultado de lo que percibimos, sentimos y pensamos, porque actuamos a partir de todo ello. Ante una emoción y un pensamiento, tú eliges qué hacer, y en algunos casos hay que cambiar esta conducta para cortar el círculo vicioso que te hace daño.

Es habitual adoptar conductas de chequeo constante para comprobar cómo se nos ve, si todo sigue igual o si podemos hacer algo para cambiarlo, lo cual nos lleva a incrementar el malestar por el cuerpo y la insatisfacción. Se ha obligado tanto a la mujer a ser perfecta que, al menos, debe parecerlo en todo lo que haga. Si va a la playa, que esté genial en biquini. Si está en casa en pijama, que parezca salida de un anuncio de la tele. Si se compra ropa interior, mejor lencería sexy que cómoda. Si mantiene relaciones sexuales, que el cuerpo se vea perfecto en cada postura y no se note ningún pliegue de la piel. Si hace deporte, que no sude. Y así una extensa lista. Se ha educado tanto a la mujer en esa perfección que, casi sin que se dé cuenta, está más pendiente de lucir como se espera que luzca en cada momento que de disfrutar.

Al principio los chequeos corporales pueden responder a un comportamiento que se da desde la obsesión-compulsión, liberando el malestar y la ansiedad que provoca. Tengo un pensamiento de necesitar comprobar cómo se me ve la barriga (obsesión), lo compruebo (compulsión), me siento más aliviada por un momento. Pero al rato, de nuevo, se reanuda el círculo vicioso. ¿Qué ocurriría si no se diera el ritual? ¿Y si no pudieras comprobarlo?

Lo que hago afecta directamente a cómo me veo.

Para entender la relación entre estos elementos, es importante que comprendas que están triangulados y que tu forma de pensar afecta a cómo sientes y cómo actúas. Y viceversa, es decir, si piensas algo, ese algo estará directamente relacionado con la emoción que evoque y con cómo actúes en consecuencia.

Por ejemplo, si vas por la calle pensando de manera rumiativa «Me va a atropellar un coche», lo más probable es que la emoción que evoques sea de miedo, preocupación o ansiedad, por lo que tu forma de actuar será seguramente no salir de casa.

Un ejemplo con la imagen corporal: si percibes que tu nariz es muy grande, podrías evocar pensamientos de juicio hacia ella, y sentir, en consecuencia, emociones de tristeza y rechazo, con lo que intentarías taparla, no salir en fotos, operarte, etc. Tenemos que entender estos componentes como un todo que interactúa en conjunto. No son partes separadas, sino la suma de estos componentes.

Ahora bien, no siempre que haya una imagen corporal distorsionada existirá un trastorno relacionado. Todas las personas han sentido alguna vez, y seguirán sintiendo, insatisfacción corporal. Vivimos en un mundo que da mucha importancia a la imagen, y no somos ajenas al entorno, sino que interactuamos con el mundo, estamos abiertas al cambio y a veces podemos sentir que algo no nos gusta.

De hecho, el objetivo de conseguir una buena relación con tu cuerpo no es que sanes y, de repente, te guste todo de ti, para siempre. La idea es que sanes para que no te maltrates ni te minusvalores, aceptando cada parte de ti, las que te gustan y las que no.

Es decir, el objetivo no es que toda tú seas perfecta ni que ames y quieras cada parte de ti. Lo ideal es que aceptes que eres humana y que, como tal, puedes tener imperfecciones y rasgos que no te gustan, pero sin tener que cambiarlos necesariamente. El objetivo es que los aceptes sabiendo que no te gustan, pero que están ahí y no pasa nada: mirarte al espejo por la mañana, ver que tienes ojeras por no haber dormido y, en lugar de juzgarte o machacarte, lo aceptes, aunque no sea la imagen que prefieres de ti.

Además, la imagen corporal depende, en gran medida, de tus emociones y tus pensamientos, de la forma en la que te ves y ves el mundo, y de lo que haces ante él; es fluctuante y cambiante, y depende del momento vital en el que estás y de sus circunstancias o contexto. Porque el cómo te ves no depende de qué características tiene tu cuerpo, sino de cómo se interpretan.

En resumen, como irás comprendiendo y trabajando a lo largo del libro:

- La imagen corporal no es una foto objetiva, sino de plena subjetividad, influenciada por el contexto y la historia vital.
- El modelo de belleza actual no es saludable y, al interactuar constantemente con él, es imposible que no te afecte. Existen creencias llenas de estigma y gordofobia que te invitan a maltratar a tu cuerpo. Conocerlas y prevenirlas puede ayudarte a alejarte para proteger tu salud mental.
- Tu autoestima no depende de tu atractivo físico. No tienes una autoestima equilibrada porque tu físico cuadre con el ideal de belleza; de hecho, depender de ese ideal para aceptarte es justo lo contrario de una autoestima óptima.
- La delgadez no es sinónimo de éxito. Estar delgada se asocia con características positivas, como ser triunfadora, fuerte, útil, hábil, talentosa, tener fuerza de voluntad… No es cierto; puedes ser todo esto independientemente de tu cuerpo, porque no hay una asociación directa.
- La gordura no es sinónimo de fracaso. Que equivalga a ser abandonada, no valer, ser una fracasada, ser débil, no tener fuerza de voluntad, no cuidarse, etc., es una creencia errónea.
- Perder peso ofrece sensaciones falsas de una realidad equivocada. Pero vicia, y mucho. Provoca la falsa sensación de tener el control, de tener poder, de tener fuerza de voluntad, confianza, etc.

- El uso de dietas para transformar tu cuerpo no es sinónimo de salud. Más allá del hecho de que puedan o no funcionar, o de que sean o no saludables, producen la falsa sensación de que te estás cuidando y de que estás siendo responsable de tu salud. Cuando sometes tu cuerpo a una dieta en la que pasas hambre, no lo estás cuidando: lo estás maltratando, a él y a tu cerebro. Porque la mente también sufre. Recuerda que somos hormonas y neurotransmisores en constante funcionamiento. Puedes hacer dieta si quieres, y también maltratar tu cuerpo, pero ¿quieres? ¿Estás dispuesta a vivir torturándote?

TRASTORNOS RELACIONADOS CON LA IMAGEN CORPORAL

La relación con el cuerpo y la comida se ha visto fuertemente alterada en los últimos años por el uso de las redes sociales y de las tecnologías; además, ha incrementado el número de casos de trastornos relacionados con la imagen corporal y la alimentación. Vamos a ver algunos de ellos.

Trastorno dismórfico corporal

Es un trastorno obsesivo-compulsivo que puede provocar una preocupación excesiva por la autoimagen y llevarte a fijar la atención en defectos físicos, ya sean reales o imaginados. La preocupación es tal que interfiere en la vida diaria: laboral, personal y social.

Sin embargo, no se trata de una simple preocupación, sino de una obsesión real por el cuerpo. Se tiende a percibir defectos que para otras personas resultan imperceptibles. Quien sufre ese trastorno puede llegar a magnificar tanto esos defectos y focalizarse tanto en ellos que los ve de una forma que no los percibe nadie más.

Como podrás leer más adelante, el trastorno dismórfico está muy relacionado con la infancia, la adolescencia y su relación con el contexto y las circunstancias. Los filtros de las redes sociales, la imagen que se plasma en ellas y las cirugías estéticas han potenciado esta obsesión.

Algunos comportamientos que se observan son:

- Comparaciones excesivas con los demás.
- Intentos de camuflarse con maquillaje y de ponerse la ropa de manera estratégica para cambiar o tapar partes del cuerpo.
- Comprobaciones constantes ante el espejo y en reflejos.
- Comprobaciones de la piel y cuidados excesivos para conseguir que esté «perfecta».
- Limpiezas constantes.
- Cirugías estéticas.
- Práctica de ejercicio en exceso para tratar de alcanzar el cuerpo ideal.
- Cambios de ropa frecuentes.
- Realización excesiva y obsesiva de bronceados.
- Compra desmesurada de ropa para intentar construir una imagen o taparla.
- Preguntas constantes a los demás sobre cómo está o cómo se la ve.
- Insistencia en sus defectos, a sí misma y al resto.
- Emociones como desesperanza, asco, vergüenza, ansiedad, depresión o enfado, además de sentimientos de rechazo o humillación.

Aunque tener trastorno dismórfico corporal puede llevar a padecer trastornos de la conducta alimentaria, no existe una asociación estricta. Se trata de trastornos distintos y pueden darse, o no, juntos.

Vigorexia o dismorfia muscular

En la vigorexia existe una preocupación intensa por el físico y una distorsión de la imagen. Suele ser más habitual en el género masculino. Si la sufres, es posible que sientas una preocupación obsesiva por que tu cuerpo sea más grande y musculado, o que te parezca demasiado pequeño o delgado. Por ello, inviertes gran parte del tiempo y del dinero en dietas, entrenamientos y suplementos; incluso llegas al consumo de anabolizantes.

La vigorexia puede estar relacionada con traumas y heridas sufridos en la infancia, como abusos o humillación. Además, puede acompañarse, a su vez, de episodios de restricción y atracón.

En la actualidad, muchas noticias se hacen eco de esta preocupación, ya que el uso de químicos para aumentar la masa muscular o cambiar el cuerpo, a largo plazo, tiene consecuencias. Pero no solo los culturistas pueden sufrir vigorexia; también puedes observarla en algún familiar, amigo, compañero de gimnasio…

La obsesión por conseguir un cuerpo musculado y grande es más común de lo que crees, hoy en día. Y, aunque no se cumplan ciertos criterios para tener un diagnóstico, si genera malestar y pérdida de la calidad de vida, ya sea en la persona o en el entorno, sería ideal trabajarla.

Anorexia

Es un trastorno de la conducta alimentaria que se relaciona con la obsesión por la delgadez. Si lo sufres, es posible que tiendas a reducir o restringir ciertos alimentos para conseguir la meta de adelgazar.

En la anorexia restrictiva, existe una restricción de la alimentación. En la purgativa, también hay episodios de vómitos o laxantes, ya que se puede intentar eliminar del cuerpo cualquier ingesta que haya entrado, habitualmente escasa. También se puede realizar ejercicio excesivo para esa meta o fin. Bajo mi punto de vista, y para no caer en una visión simplista, puedes sufrir anorexia aunque no estés en un bajo peso; basta con evaluar la conducta y la relación que tengas contigo misma, tu cuerpo, la comida, el deporte y el mundo.

Marta vino a sesión porque conectó con mi divulgación en redes sociales. Su familia y el entorno médico no consideraban su malestar como un posible trastorno porque no tenía bajo peso, pero Marta había perdido bastantes kilos ese último año y, aunque aparentemente su cuerpo era grande, su conducta hablaba por sí sola: únicamente comía una vez al día, había dejado de salir con sus amigas, se permitía solo media manzana si tenía mucha mucha hambre, ya no tenía la menstruación, estaba irascible y triste, hacía comprobaciones constantes de su cuerpo y su peso, etc. Marta no necesitaba estar muy delgada para tener que pedir ayuda y trabajar su relación con la comida. Sin embargo, lo que recibía eran halagos al bajar de peso y asombro cuando exteriorizaba lo que le pasaba, solo porque no estaba extremadamente delgada, que es lo que se espera en este tipo de problemáticas.

Bulimia

Es un trastorno de la conducta alimentaria que provoca atracones y, posteriormente, conductas compensatorias como purgas (vómito o laxantes), ejercicio excesivo, etc. A menudo se intercalan episodios de restricción y atracón.

> *Verónica tiene una mala relación con la comida. Se da atracones muy grandes, hasta el punto de que un día llegó a comer pizza de la basura de la calle, ya que no se la suele permitir y come lo que va encontrando en el momento en que su mente hace clic. Cuando está en la casa de sus padres, come dulces y bollería. En cambio, cuando está en su casa, come latas de atún y fruta, ya que no se permite tener nada dulce. Lo hace rápido y sin masticar. De hecho, alguna vez ha llegado a comer croquetas congeladas porque no puede esperar a cocinarlas. Después, Verónica se siente tan mal que hace mucha actividad física, vomita o restringe, intentando compensar lo comido, lo que provoca un círculo vicioso que nunca acaba.*

Trastorno por atracón

Es un trastorno de la conducta alimentaria que se caracteriza por episodios de atracones recurrentes. Difiere de la bulimia porque en el trastorno por atracón no existen purga ni compensación posteriores. Tampoco consiste en comer hasta el empacho puntualmente; es una reiteración de conductas que generan un malestar significativo. También conlleva culpa y vergüenza, por eso suele hacerse a escondidas. Estos episodios generan mucha culpabilidad y malestar, y se asocian a estados de ansiedad, depresión, estrés, baja autoestima o problemas emocionales.

> Eli, desde hace unos años, se da atracones de comida cuando llega a casa. Normalmente, a la hora de la cena. Cena con la familia y, después, va comiéndose los dulces que encuentra, de forma rápida y a escondidas, para que no la vean. Eli trabaja en una gran empresa, llevando un equipo y con una presión muy alta. Esta es la única forma que ha aprendido de liberar esa ansiedad y esa tensión. Para Eli, ese momento se convierte en un rato para no pensar y disociar. En los últimos años ha cambiado mucho físicamente por su mala relación con la comida, lo que hace que, al verse mal, se sienta aún peor y retroalimente la gestión emocional con la comida. Al contrario que Verónica, Eli no restringe ni hace ejercicio ni purga para compensar.

Fatorexia

Es una etiqueta muy nueva; de hecho, aún no aparece en la literatura científica. También es más común en hombres que en mujeres. Si te sientes identificada con ella, es posible que tengas una distorsión del peso real y del percibido. Justo al contrario que en otros trastornos, en este puedes verte más delgada de lo que en realidad estás. Esto ocurre porque disocias tu propia realidad, negando el cuerpo. No eres consciente del peso ni en su reflejo ni en la báscula. Es como si lo que vieras no fuera contigo. Este trastorno está relacionado con la dismorfia corporal y la despreocupación de la apariencia.

Como verás más adelante, el yo rechazado hace que percibas una imagen falsa al bloquear la propia.

> Pepe llega a consulta por la presión y el acompañamiento de su hija. Él no se ve como realmente es, y por ello no hace los cambios que el médico le ha recomendado para mejorar su salud. Desde hace muchos años, Pepe tiene una mala relación con la comida. No es responsable con los alimentos que elige (tiene altos el colesterol y

> *el azúcar) ni con cómo come (rápido, mucha cantidad hasta conseguir estar incómodo...). La hija de Pepe nos dice que este siempre se mete con las personas gordas, incluso haciendo ver, con sus comentarios, que él no comparte esas características. Efectivamente, al trabajar en sesión la percepción física, nos damos cuenta de que él no se ve como está en realidad; se percibe más delgado. Así pues, no es consciente de su salud física ni de su cuerpo.*

Recuerda que lo importante es conseguir verte como eres, aceptando lo que no te gusta y reforzando lo que sí. Si tienes una percepción distorsionada, tanto si te ves más delgada como más gorda, hay que trabajarlo, porque te aleja de ti y de tu realidad. Es una percepción que rechaza tu cuerpo real.

Los trastornos de la conducta alimentaria (TCA) se relacionan con personalidades rígidas, perfeccionistas o hiperresponsables, falta de autoestima, sentimientos de inferioridad, impulsividad, historial de peso familiar y personal, etc., y, a menudo, nacen de la falta de control y la necesidad de este: «Como no puedo controlar esto, controlo mi cuerpo». En estos trastornos existe una falta de regulación emocional y una gestión pobre de las emociones, que están capadas o prohibidas.

Los TCA no son solo trastornos relacionados con la imagen corporal, el cuerpo o la comida, sino mucho más. Son el «síntoma» que da voz a una realidad interna más profunda y dolorosa, que hay que reparar. La conducta alimentaria y la conducta sobre la imagen corporal son una forma de gestionar traumas y sufrimientos, algunas veces desde la búsqueda de la realización, y otras desde el autodesprecio, el autocastigo y la penitencia. Anhelar la imagen que no tienes, odiando y depreciando la que sí, resulta mucho más complejo de lo que se ve en la superficie.

Los trastornos de la conducta alimentaria y de la imagen caporal son maneras de sobrevivir al mundo, de expresar y gestionar el dolor y el sufrimiento que no han sabido expresarse de otro modo. Por ello, quedarse en la conducta en torno a la comida o el ejercicio constituye un abordaje superficial y un trabajo en vano, y no debe paralizarnos, sino activarnos para ir a indagar en lo profundo. Los traumas, el apego, las heridas emocionales, el guion de vida o las figuras parentales, como aprenderás a lo largo del libro, te ayudarán a entenderte y trabajarte para poder sanar.

ICEBERG DE LOS TRASTORNOS ASOCIADOS

LO QUE SE VE
- Distorsión de la imagen
- Atracón
- Restricción
- Aislamiento
- Vómitos
- Ejercicio excesivo
- Comprobaciones
- Miedo al peso

LO QUE NO SE VE
- Acoso
- Falta de autoestima
- Trauma
- Impulsividad
- Inseguridad
- Control y rigidez
- Dependencia
- Perfeccionismo
- Exigencia
- Expectativas desadaptadas
- Creencias
- ...

FACTORES SOCIALES: GORDOFOBIA, PESOCENTRISMO Y DISCRIMINACIÓN

Como he ido mencionando a lo largo del libro, la sociedad en la que vives y el contexto con el que interactúas son determinantes para construir y forjar tu imagen corporal y cómo te relacionas con ella. Por ello, conocer qué factores son los que se relacionan con tu imagen corporal y contigo es esencial para que tomes conciencia de ellos y puedas trabajarlos.

Reconocer que la sociedad te enseña que el peso es un signo de salud, sin tener en cuenta nada más, que discrimina los cuerpos gordos y los deshumaniza, ser consciente de que el contexto te discrimina por tener un cuerpo diferente o fuera de lo canónico, es fundamental para que puedas separarte de esa construcción social y mejorar la relación contigo.

La gordofobia es el sesgo inconsciente y automático de discriminar, prejuzgar, desvalorizar, menospreciar o rechazar a alguien solo por la forma de su cuerpo. En nuestra sociedad actual, es más potente aún en mujeres.

De hecho, no define solo cómo ves a los demás, o cómo los demás te ven a ti, sino también cómo te ves a ti misma. Por ello, tener un cuerpo gordo no te exime de caer en la gordofobia, las creencias limitantes y el estigma por el peso, ya que tú también vives en esta sociedad pesocentrista y estigmatizante, y, además, seguramente arrastras una mochila de situaciones dolorosas y traumáticas en relación con el cuerpo y tu historia vital.

La discriminación es el modo de jerarquizar a las personas teniendo en cuenta características que, arbitrariamente, se consideran superiores o inferiores. Es decir, a la persona discriminada se le atribuyen características de inferioridad de manera arbitraria, mientras que la persona discriminadora tiene una sensación de superioridad. En el caso de las personas con cuerpos gordos, se les asigna ese sesgo de inferioridad y se las discrimina por ese simple hecho.

La gordofobia y la discriminación de los cuerpos no normativos limitan una vida libre de violencia, patologización y estigma. Si al cuerpo gordo se le siguen achacando características negativas, es muy difícil que se abandone el estigma, porque esa percepción se retroalimenta precisamente con esas creencias.

«Gordo» es un adjetivo descriptivo. Describe cómo es tu cuerpo. No es un adjetivo valorativo al que se pueda dar o quitar valor.

Nadie merece ser rechazado por tener un cuerpo no normativo bajo la justificación «Es por tu salud». Porque, aunque ese cuerpo estuviera enfermo, tampoco merecería que lo trataran así.

Esta discriminación hacia los cuerpos es posible porque vivimos en una sociedad pesocentrista, en la que el peso, en muchas ocasiones, se usa como única variable (a pesar de no serlo) para evaluar a las personas y su salud. Esto supone un enfoque reduccionista e incorrecto. Debes entender la salud como un concepto global e integral, desligado y no dependiente de una sola variable. Desde esta mirada estigmatizante y simplista, la gordura, por tanto, no solo sería un factor de riesgo, sino una enfermedad en sí misma.

Y dirás: «Pero Marian, si se ha demostrado que el peso es un factor de riesgo en enfermedades...». Sí, pero no como única variable y sin tener en cuenta el resto de los factores asociados a la persona y a su salud. Eso no te da derechos y libertades para menospreciar a esa persona y discriminarla, ni para hacerle creer que no debe formar parte de la sociedad.

Muchas veces la sociedad culpa a las personas por tener un cuerpo gordo. Y, de esa forma, justifica el odio y el estigma que genera contra él. «Es algo que eliges», «Es culpa tuya». En primer lugar, esto no es cierto, porque si lo fuera no habría diversidad corporal, y la hay. Y, si esto fuera así, ¿por qué no hacemos lo mismo con otros factores de riesgo que suponen un problema para la salud, como, por ejemplo, fumar? Nadie discrimina a nadie por tener los pulmones negros de fumar, pero sí al asociar el cuerpo gordo con la enfermedad.

¿Por qué se acepta la diversidad en general, pero no la diversidad corporal? Igual que existen personas con diferente color de pelo, de piel, de forma de vestir, de altura..., la diversidad corporal existe. Sin embargo, la estigmatización del cuerpo por motivo de salud ha dificultado el proceso de aceptación.

Cada vez se habla más de ello, y cada vez son más las personas famosas que cuentan sus problemas con el cuerpo, la tortura que supuso para ellas habitarlo. Esto ayuda a dejar de asociar la delgadez al éxito y a la salud.

Los medios de comunicación y la industria de la moda ejercen una gran presión sobre el cuerpo y el peso, potenciando la delgadez y el cumplimiento del canon de belleza como sinónimo de éxito y como única posibilidad, y respondiendo con la cosificación o hasta la exclusión si no se cumplen estas expectativas exigidas. El cuerpo no existe para ser bonito, aunque te hayan hecho creer que sí.

Empatizar es la clave. Es necesario fomentar una mirada empática, que ayude a reconfigurar y cambiar las creencias que hemos ido ganando durante años, y a generar una mirada respetuosa, sin crítica. No se trata de hacer un juicio de valor a partir de tus gustos, sino de respetar a la otra persona, aunque no cuadre con ellos. Porque no hay características que te hagan superior, y creerte superior por tenerlas denota una baja autoestima. Si para sentirte bien debes hacer sentir mal a otras personas y discriminar, el problema no lo tienen ellas; el trabajo debes hacerlo tú.

Gordofobia: ¿de verdad es salud?

Según la Organización Mundial de la Salud, «la salud es un estado de completo bienestar físico, mental y social, y no solamente la ausencia de afecciones o enfermedades».

Una persona delgada no está necesariamente sana o enferma solo por ello.

Una persona gorda no está necesariamente enferma solo por ello.

Reducir la salud al peso, sin evaluar nada más, es simplista y discriminatorio. Además, puede ocasionar que en muchos casos no se explore suficiente a la persona porque se justifique lo que le pasa con su peso.

En la situación actual, con el aumento tan pronunciado de trastornos de la conducta alimentaria de los últimos años, creo que habría que cuestionar la creencia firme que estipula el peso como marcaje de salud y empezar a usar las variables que de verdad se asocian a ella. Y, por supuesto, dejar de lado la discriminación de la persona por cuestión de peso.

El cuerpo no se cambia; se cambian los hábitos, lo que después podrá tener o no como consecuencia secundaria la pérdida de peso. La forma del cuerpo no siempre depende de la persona que lo habita.

Desde la gordofobia se puede señalar el exceso de peso a partir de tres ideas generales: la salud, la moral y la estética. Y la crítica a la gordura se justifica con razonamientos como:

- «Si un cuerpo no está delgado, no es saludable, está enfermo». Este sería un mensaje desde la falsa salud.
- «Si un cuerpo está gordo, no tiene fuerza de voluntad, constancia ni responsabilidad». Este sería un mensaje desde la falsa moral.
- «Si un cuerpo está gordo, es feo». Este sería un mensaje desde la falsa estética.

Cuando se etiqueta el cuerpo de esta forma, aumenta el estigma, lo que repercute negativamente en la autoestima de estas personas. Cuando se anima a alguien a perder peso, hay una dualidad entre si de verdad se está pensando en la pérdida de peso como salud, o más bien como consecución del cuerpo normativo y el ideal de belleza preestablecido. En muchas ocasiones, la realidad es esta última.

El objetivo médico o terapéutico no debe ser la pérdida de peso, sino el cambio de hábitos (si fuera necesario) que lleve a la persona a estar saludable (si no lo estuviera), objetivos totalmente independientes de la forma de su cuerpo.

En el sistema sanitario aún se usa la etiqueta del índice de masa corporal (IMC) para evaluar la salud. Una de las heridas más potentes y de los recuerdos más desagradables que surgen en terapia, cuando exploramos la relación con el cuerpo, es el recuerdo del juicio médico en la infancia. Casi todas las pacientes recuerdan a su médica o médico valorándolas según el IMC y diciéndoles que no estaban dentro de su percentil o del valor correspondiente, y que debían adelgazar, con tan solo cinco o seis añitos. Esa vivencia las hizo sentir fuera de lugar y de su grupo, sentirse mal por ser diferentes, y culpables por no entender qué habían hecho mal.

Hoy en día se sabe que el IMC es una medida obsoleta y disfuncional, y que no da ninguna información válida sobre la salud del paciente. El ejemplo más fácil que puedes tener en cuenta es: ¿verdad que una persona musculada jamás será igual físicamente que una persona del mismo peso y altura que no haga deporte? Pues el IMC las clasifica igual. Y no, una no es mejor que la otra, ni tampoco podrás saber si una tiene mejor salud que la otra solo con ese dato. Porque imagínate que la persona musculada fuma: ¿es más saludable por ser más atlética? Seguramente no. Este ejemplo, teniendo en cuenta la masa muscular, evidencia lo absurdo que es que se siga usando este índice como medidor de salud.

Por supuesto, no se trata de generalizar ni menospreciar la labor médica. Existen profesionales admirables y tenemos un sistema sanitario increíble, pero las personas no deberían sentir miedo de ir al médico por lo que pudieran decirles sobre su cuerpo, ni sentir ese desprecio y dolor hacia ellas solo por su aspecto físico.

Te propongo un ejercicio de reflexión rápida que he recuperado de mi primer libro, *¿Por qué como si no tengo hambre?*

Quiero que te imagines a dos chicas. Una de ellas es una estudiante de Física con una nota media de 9,8, becada en una reputada universidad internacional. La otra nunca quiso estudiar una carrera; a pesar de ello, por la presión de sus padres, ahora mismo está cursando una. Su nota no sube del 6, ya que está todo el día en la cafetería con sus amigas. La primera tiene poca memoria, siempre la ha tenido, por lo que pasa gran parte del día estudiando para poder mantener su nota media. La segunda tiene mucha memoria, es envidiable; sin embargo, por su vaguería, no le da mucho uso, por lo que estudia el día antes y con eso le vale.

Seguro que con estos datos has sido capaz de imaginar cómo son esas dos chicas, si son altas, bajas, si tienen el pelo rubio, moreno, o incluso si son flacas o gordas, ¿verdad?

Con ello puedes reflexionar sobre qué aspectos y mitos te han ayudado a conformar la imagen, qué te ha ayudado a imaginar y dejarte llevar en cuanto a la construcción de la figura. ¿Has caído en lo que la sociedad espera de las mujeres? ¿Has tenido un criterio propio? ¿Te has sentido identificada y te has dejado llevar?

Recuerda que lo importante es no cuestionar a la persona solo viendo su figura, sino escucharla e indagar más sobre ella; ofrecerle la libertad de no juzgarla ni presuponer cosas de ella solo por cómo es su cuerpo; darle la oportunidad de tener buenos hábitos de salud aunque su cuerpo no sea canónico, porque no todos los cuerpos son iguales.

En esta imagen puedes intuir los determinantes relacionados con la salud. Se podría decir que esta bola es LA SALUD. En ella están el ambiente físico, el cuidado médico, la genética y la biología, las circunstancias sociales y el comportamiento individual, y todo lo que subyace a estas categorías. Fíjate qué amplia, qué grande, qué completa.

Te adelanto que es difícil de distinguir debido a su tamaño, pero me gusta compartirla contigo para que, *grosso modo*, veas la cantidad de factores asociados a la salud. Si te apetece saber más, te invito a que busques la web determinantsofhealth.org y curiosees con más detalle.

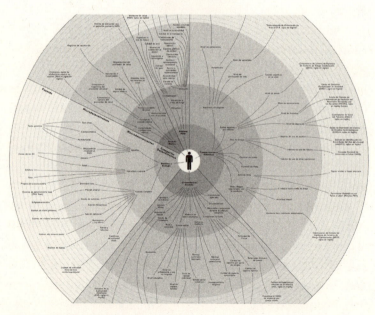

Fuente: determinantsofhealth.org.

De todo ese círculo de salud, ¿sabes qué parte está relacionada con dietas y deporte? Esta:

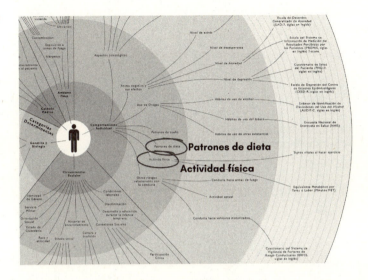

Aun sabiendo que son estas dos pequeñas partes, se sigue culpando a la persona gorda como si su peso fuera el único factor relacionado con la salud global. Hacer deporte y comer de manera equilibrada es necesario; además, también forma parte del autocuidado y la responsabilidad sobre la salud. Pero no es lo único importante. Hay que quitar el foco de la visión de la cultura de la dieta.

Y como el cambio es necesario y debe hacerse entre todas y todos, en la página siguiente te dejo una tabla que puede ayudarte a introducir pequeñas modificaciones en tu diálogo y dejar de lado el estigma corporal.

FRASE GORDOFÓBICA	CAMBIO
«Hemos comido como gordos».	Comer mucho no es sinónimo de comer como un gordo; es simplemente comer mucho. Además, «mucho» y «poco» son términos muy subjetivos. «Hemos comido un montón». «Hemos comido para un mes». «Hemos comido como dinosaurios».
«Tranquila, con comer menos y hacer ejercicio adelgazarás y estarás genial».	Estás genial si estás saludable, no si estás flaca. La meta es la salud, no la delgadez. No son sinónimos. «Tranquila, estás genial así; lo importante es cuidarse y sentirse bien, no adelgazar».
«Con lo buena e inteligente que es, mírala qué gordita, pobre».	El peso no va enlazado con la valía. «Mira qué buena e inteligente es», punto. Ni «pobre» por ser gordita, ni «pobre» por ser delgadita. «Qué buena e inteligente es».
«Estar así es promover la obesidad».	Estar así es promover la aceptación queriendo cambiar o no, quererse en cada momento. Aceptar no es sinónimo de conformismo, ni tampoco de promoción. «Estar así es estar así, sin más».
«Esto no lo como, que si no engordo».	El peso no es un motivo para elegir qué comer y qué no; no hay que basarse en los «deberías», sino en las apetencias, en qué nos «gustaría». «Esto no lo como porque no me gusta o no me apetece». «Esto lo como porque me gusta y me apetece».
«¡Uau! Qué guapa estás, estás más delgada».	La belleza no es cuestión de peso. Se puede ser guapa, o no, independientemente del peso. «¡Uau! Qué guapa estás».

FRASE GORDOFÓBICA	CAMBIO
«Con tu talla no vas a encontrar nada (de ropa)».	¿Seguro que no hay ropa? ¿O no la hay para cumplir el canon preestablecido? «Claro que hay ropa; el peso no es el motivo para vestir sintiéndote bien».
«Qué bien baila para estar gorda/o».	Las habilidades van mucho más allá del peso. «Qué bien baila» y punto, sin matices. «Qué bien baila».
«Ten un poco de amor propio y pierde peso».	El amor propio no es cuestión de estar de una determinada manera, sino de aprender a quererse como se está. Las personas delgadas no necesariamente tienen más amor propio. Quererte puede ir ligado a cuidarte, pero no solo a la pérdida de peso. «Cuídate y haz actividades que te llenen, que te hagan sentir a gusto contigo, que disfrutes...».

Fuente: M. del Álamo, *¿Por qué como si no tengo hambre?*, 2020.

Posiblemente, si no hubiera tanta gordofobia ninguna persona tendría tanto miedo a empezar su proceso terapéutico para sanar y dejar de lado su mala relación con el cuerpo y la comida, porque no le daría miedo cambiar su cuerpo y su forma aprendida de funcionar. Esa conducta la protege de volver a sufrir y vivir lo que un día experimentó.

¿Qué es el *body shaming*?

Esta expresión hace referencia a burlarse del cuerpo de otra persona buscando la humillación o el menosprecio. Las víctimas de estas críticas hacia su cuerpo, su apariencia o su talla suelen ser personas con cuerpos no normativos que se alejan del canon de belleza preestablecido.

El *body shaming* consiste en humillar y ridiculizar el aspecto de otra persona.

Con las redes sociales, criticar el cuerpo de alguien y opinar con desprecio sobre él se ha vuelto muy común a causa del acceso y la facilidad que ofrece la protección de una pantalla. Como hemos ido viendo a lo largo del libro, esto puede ocasionar:

- Baja autoestima.
- Inseguridad.
- Estado de ánimo bajo o depresión.
- Ideas suicidas.
- Trastornos de la conducta alimentaria.
- Aislamiento.
- Ansiedad.

Nadie se merece ser víctima. No tienes derecho a acosar a nadie.

Para poder trabajarlo y afrontarlo, es importante:

- Pedir ayuda.
- Trabajar tu autodiálogo, el cómo te ves, tu valía.
- Elegir a las personas que te aportan.
- Hacer una crítica social del ideal de belleza y la divulgación del cuerpo.
- Aprender a ser asertiva y decir que no.
- Pedir ayuda psicológica o buscar apoyo social o familiar.

No estás sola.

Como te explicaba, para aprender a entender cómo te ves y cómo te relacionas contigo, y poder trabajarlo, debemos tener en cuenta varias dimensiones: la percepción, el pensamiento, la emoción y la conducta, así como el aprendizaje en la infancia y las heridas. Poco a poco desarrollaremos estas ideas y las relacionaremos con el cuerpo y con la imagen que tienes de ti, porque la forma en la que te piensas o piensas sobre el mundo (como has podido leer en este capítulo sobre la gordofobia) está conectada con cómo te ves y cómo actúas, con cómo ves a los demás y cómo actúas con ellos. Así pues, entender esto y localizarlo, como verás a continuación, es fundamental para trabajar una relación sana contigo misma y con tu cuerpo.

3
Entendiéndome y comprendiendo mi historia

Cómo actúas contigo y con tu cuerpo, cómo te ves, está mediado por el aprendizaje y las vivencias de tu pasado. De hecho, uno de los factores más importantes para la construcción de la autoestima es el contexto y la educación recibida. Si creciste en un entorno en el que siempre se recordaba lo guapa que era tu prima por estar tan delgada y tener una cinturita estrecha, lo más probable es que hayas crecido creyendo que eso es lo que gusta más y lo que debes conseguir. Si, por el contrario, tu familia reforzaba otras características de ti y te hacía sentir segura, es de suponer que tu relación contigo sea otra.

En función de estas circunstancias y vivencias pueden generarse heridas emocionales, que son las huellas de una situación dolorosa que viviste y que hoy te acompaña, esperando ser sanada.

Por eso es tan importante entender qué es el apego y cómo se conforma, qué son las heridas y por qué resultan tan esenciales para comprenderte, cómo te afectan y cómo se trabajan: para conocerte, comprenderte y entender la relación que tienes contigo y con tu cuerpo, así como con los demás.

HERIDAS EMOCIONALES

Cada experiencia de tu vida deja una huella en ti, de tal modo que, cuando vives situaciones que rozan y estimulan esa huella, puedes revivir esa experiencia, su sentimiento, sus sensaciones. Es como un flashback. De esta forma se crea lo que en terapia llamamos «heridas», esas huellas dolorosas de tu pasado que, aunque a veces pasen desapercibidas, pueden reabrirse si un acontecimiento del presente las activa. Esto puede provocar que reacciones de manera desadaptativa, ya que desencadena funcionamientos antiguos y se gestiona desde las figuras incorrectas.

Las heridas emocionales hacen referencia a un daño del pasado que no se ha sanado y ha quedado retenido en tu memoria. Es como si, ante ciertas situaciones que te causaron daño, el cerebro hubiese generado diferentes huellas a lo largo de tu historia vital. Estas heridas pueden estar ahí y no doler, ser casi imperceptibles para ti. No obstante, cualquier información nueva que entre al interaccionar con el mundo, contigo o con el resto de las personas puede activar esa herida emocional al procesarse, y hacer que duela.

> Martina es una mujer de treinta y cuatro años. Acude a terapia porque quiere trabajar su autoestima y su aceptación corporal. Sin embargo, un día me contó que le había pasado algo que le hacía sentir mucho malestar y no entendía por qué.
>
> Dos amigas habían montado un plan sin ella. Ella se enteró más adelante y se sintió abandonada, como si no contaran con ella. Resulta que estas amigas no habían hecho el plan sin ella, sino que, estando en el centro comercial con sus parejas, se habían encontrado y habían decidido, de improviso, tomarse un café juntas.
>
> De hecho, Martina ni siquiera estaba disponible esa tarde. Juntas empezamos a indagar y enseguida vimos que se le había

activado una herida de la adolescencia, que seguramente tenía ahí latente hasta que, al procesar esta situación, la había rozado y se había activado de nuevo.

En el instituto, Martina tenía dos amigas. Una de ellas la traicionó y comenzó a contar secretos suyos muy íntimos. Martina dejó de ser su amiga y marcó límites, pero se sintió muy herida; alguien en quien había confiado mucho la había traicionado y había descubierto su intimidad. Desde entonces le costaba mucho confiar en las personas y en las amigas nuevas. Por ello, al vivir esa situación se reabrió la herida de la anterior. Salió su niña, y le evocó mucha tristeza y malestar. Fue su niña la que gestionó la situación.

Cuando la herida se activa y aparece tu niña interior, no debes sentirte mal. Debes aprender a abrazarla, entenderla y darle lo que necesita en ese momento. Aprender a abrazar a tu niña interior es importantísimo, ya que la adulta que eres hoy tiene una historia vital que no queremos borrar, sino aprender a gestionar y a abrazar.

Es importante poder conocer, reconocer y sanar estas heridas emocionales, ya que median en tu yo del presente y cómo interactúas con él.

Estas heridas nacen de un suceso traumático, es decir, un suceso que genera sufrimiento. Sin embargo, actualmente sabemos que no todas las personas viven las situaciones de la misma forma, y que la manera de experimentarlas depende de muchos factores: del umbral de vulnerabilidad, de los recursos para gestionarlas, del entorno, etc.

Hay signos que nos pueden alertar de que existen heridas psicológicas: el estado de ánimo, la ansiedad, el fracaso en las relaciones afectivas o su deterioro, los trastornos de la conducta alimentaria, la autoestima baja, la falta de aceptación corporal, los pensamientos obsesivos, los problemas del sueño, la desconfianza, una mayor vulnerabilidad hacia determinados trastornos, actuar a la defensiva o de forma agresiva, los miedos, la falta de seguridad, etc.

Esto no significa que si se dan estos signos o motivos de consulta existan necesariamente traumas o heridas, pero una vez en terapia, o preguntándote y reflexionando, vamos conociendo tu historia vital y conectando las heridas con los funcionamientos. Es como hacer un mapa mental que va encajando piezas que nos ayudan a elaborar los objetivos que tenemos que trabajar.

En esta tabla se plasma una clasificación extensa de las posibles experiencias que pueden ocasionar heridas. Puedes leerla e inspirarte en ella para conectar y reconectar con las tuyas.

ÁMBITO FAMILIAR
(familia de origen o creada)

- Falta de aprobación, de reconocimiento, por parte de los progenitores.
- Comparaciones negativas. Desprecios, burlas, insultos, gritos constantes.
- Expectativas negativas, desconfianza en las capacidades personales.
- Cuestionamiento personal, dudas sobre la persona y sus competencias.
- Ser ignorada, pasar desapercibida, sentirse invisible.
- Ausencia de gestos o actos de amor.
- Pérdida de personas de referencia: progenitores.
- Pérdida por muerte de un hijo/a.
- Pérdida por desaparición de un hijo/a.
- Infidelidades conyugales.
- Divorcios malignos, cargados de descalificaciones mutuas donde los hijos son las «armas arrojadizas».
- Abusos sexuales a los menores sufridos en el ámbito familiar.
- Abusos físicos a los menores por parte de progenitores o familiares.
- Abusos emocionales a los menores por parte de progenitores o familiares.
- Conductas violentas hacia los menores o adultos por parte de progenitores o familiares.
- Conductas adictivas en adultos de referencia para los menores.

- Negligencia de los padres: falta de atención crónica repetitiva a las necesidades de los hijos.
- Críticas a tu cuerpo.

ÁMBITO SOCIAL

- Ausencia de amigos en la preadolescencia o adolescencia.
- Rechazo o desprecio por los iguales en la infancia, preadolescencia o adolescencia.
- Traición sufrida por los iguales.
- Falta de habilidades sociales.
- Fracaso en las relaciones sociales.
- Fracaso en las relaciones de pareja.
- Pérdida de amigos.
- Manipulaciones por parte de iguales.
- Chantajes o boicots en las relaciones sociales.
- Rechazo de los iguales por características u opciones personales.

ÁMBITO ESCOLAR

- Fracaso en las metas educativas.
- Descalificación por parte de los iguales, acosos verbales o físicos...
- Comparaciones públicas.
- Desprecios o incomprensión por parte de docentes, tutores, etc.
- Frecuencia de ambientes negativos.
- Presión o manipulación por parte de iguales.
- Negligencias por parte de personal docente.

ÁMBITO PROFESIONAL

- Fracasos económicos.
- Fracasos en proyectos laborales.
- Pérdida de socios.
- Pérdida del trabajo.
- Pérdida de la estabilidad laboral.
- Acoso laboral.

Fuente: Antonio Ríos Sarrió, *Heridas emocionales. Heridas pendientes de sanar para ser feliz*, Estudios 446, Misión Joven, Madrid, 2016.

> Recuerda que tu cuerpo físico es un reflejo directo del estado de tu ser interior.
>
> Lise Bourbeau

Cinco heridas emocionales

Por cada herida emocional encontrarás su máscara, es decir, la forma en la que la persona actúa o se protege desde su herida. El objetivo de la terapia es quitar esa máscara para poder sanar y acercarte a tu yo auténtico y genuino.

Te animo a leer la información sobre cada herida y a plantearte con cuál te sientes identificada, para enlazarlo con cómo te sientes contigo y con tu cuerpo.

Herida de rechazo: máscara del huidizo

Es una herida muy dolorosa porque, como indica su nombre, genera formas de funcionar de rechazo, tanto hacia los demás como hacia una misma. Cuando ocurre, pueden rechazarse emociones y sentimientos, pensamientos y vivencias. Se rechaza el amor, tanto propio como hacia los demás. La herida de rechazo se relaciona con el apego evitativo de las figuras parentales, que verás en el siguiente capítulo.

Esta herida se puede originar si has experimentado situaciones en las que no eras aceptada (por tus figuras parentales —padre, madre, abuelos o abuelas…—, por tu hermana o hermano, por iguales —compañeros de clase, amigos…—). Más arriba reproducía la clasificación de Antonio Ríos; quizá pueda ayudarte a reflexionar sobre la tuya.

Imagínate que, desde que eras una niña pequeñita, has recibido señales de rechazo en tus relaciones y has aprendido que no eres válida para recibir amor ni que te amen. Has integrado el desprecio hacia ti misma, y lo has interiorizado hasta tal punto que apenas eres consciente de él. Comienzas a rechazar todo de ti (cómo te sientes, cómo piensas, cómo actúas); rechazas tu cuerpo, cómo se siente o cómo se ve. Cada cosa que ocurre puede tocar esa herida y pasar por su filtro, así que, cuando alguien haga una crítica sobre ti, o te confronte, o no salga un plan que te apetece o has propuesto, o no cojan una idea tuya para un trabajo..., sea cual sea la situación, es probable que te evoque muchísimo malestar y sufrimiento, que te reabra la herida y te produzca inseguridad. Cuando se abre la herida, se activan la compensación y la máscara de huir y esquivar. Aparece una necesidad de aprobación y de reconocimiento.

Muchas veces, esto se da con el cuerpo. Lo maltratas para que sea «perfecto» y reciba reconocimiento y aprobación, ya sea alcanzando el ideal de belleza preestablecido o en forma de elogios. Piensas que solo serás aceptada si aceptan tu cuerpo y cumple con «lo que debería ser».

> *Desde pequeña, Marta oía comentarios de rechazo de su madre hacia su propio cuerpo. Su madre siempre estaba a dieta y con mal humor por ello. La recuerda pasando hambre y hablando de lo mal que se veía, de que la ropa no le valía, etc. Cuando Marta fue creciendo, esos comentarios pasaron a ser también para ella. Al principio eran muy sutiles, pero fueron en aumento. Marta veía que su plato siempre era diferente al de su hermano y, aunque se quejara, no se lo cambiaban porque «tenía que adelgazar». Cada viernes, la madre la pesaba y la obligaba a «ser consciente» de su peso. Además, a cada instante le recordaba que su cuerpo no estaba bien, la comparaba con las compañeras del cole, etc.*
>
> *Marta creció sin la aceptación incondicional de su cuerpo, de sí misma, por parte de su madre, así que aprendió a compensarlo intentando tener un cuerpo «perfecto»: hacía dietas y ejercicio, pasaba hambre, no hacía planes sociales para no comer, etc.*

> *Le encantaba cuando recibía elogios sobre su cuerpo y lo delgada que se estaba quedando. Eso la reforzaba y la conectaba con el elogio que nunca tuvo. Además, estando más delgada acallaba también a su madre, y sus críticas y exigencias sobre su figura.*
>
> *En terapia, Marta aprendió a validarse sin necesidad de cambiar su cuerpo; a reforzar las metas que conseguía, sus valores y quién era con independencia de su cuerpo. Comprendió la importancia de cuidarse y lo que de verdad era salud. Marcó límites con su madre y los comentarios que le hacía de su cuerpo. Aprendió a comer escuchando sus necesidades. Sanó la herida de rechazo y aprendió a protegerse desde la adulta, abrazando a su niña cuando aparece.*

Debes aprender a reconocer tu valía y valorarte. Puede que salga tu padre crítico interno, con mandatos y creencias (lo veremos con más profundidad en el capítulo 4, que trata sobre los estados del yo). Trata de localizarlo y ofrecerte cuidado y compasión desde tu padre nutricio. Tienes que trabajar lo que te hace sentir insegura, darte cuenta de tus capacidades, brindarte cariño y respeto, aceptarte tal como eres, y no fusionarte con la situación. Abraza a tu niña: no es culpa tuya, nada en ti está mal.

La sensación de rechazo puede deberse a las situaciones siguientes:

- No hacían caso a tus necesidades.
- No celebraban o reforzaban tus logros.
- Cuando llorabas o necesitabas algo, no estaban ahí.
- Lo que hacías nunca era suficiente; siempre necesitaban más.
- Te sobreprotegían (tenían la percepción de que no eras aceptada genuinamente, de que no eras capaz o válida, y por eso debían sobreprotegerte).

Herida de abandono: máscara del dependiente

Esta herida es común si tus padres trabajaban mucho y no tenían tiempo para cuidarte. Siempre se han encargado de ti personas ausentes, hasta que fuiste lo «bastante» mayor para hacerlo sola. Cuando sí estaban presentes, seguían ausentes, centradas en sus problemas y conflictos. Esto produce soledad y falta de afecto, cuidado, compañía y protección.

Es normal que, si sufriste esta situación, ahora estés pendiente de que no te abandonen o con ese temor profundo a que lo hagan, y que temas quedarte sola o que no hagan planes contigo.

La máscara de esta herida es la máscara dependiente. Si te sentiste así, puede que tengas dependencia emocional, que aceptes cosas o situaciones con tal de no verte sola, y que busques apoyo y aprobación por parte de los demás. También puede ocurrir que seas tú quien use el abandono como mecanismo de protección y lo apliques a los demás para no vivirlo tú.

> Violeta es una chica joven que viene a terapia porque quiere mejorar la relación con su cuerpo y con la comida. Tiene un buen vínculo con su familia, aunque le exigen mucho sin estar casi presentes. La crio su tía abuela, que es como una abuela para ella, porque sus padres trabajaban mucho y cuando llegaban a casa debían seguir gestionando cuestiones del trabajo o del hogar. Violeta creció sola.
>
> Al explorar y comenzar a trabajar, me di cuenta de que se daba una situación recurrente de dependencia de su novio: a Violeta le molestaba mucho y le hacía sentir muy mal que su pareja quedara con sus amigos. Ella siempre lo priorizaba a él por encima de otros planes, y deseaba que llegara el viernes y el fin de semana para hacer cosas juntos. Sin embargo, cuando su pareja le

comunicaba que esa semana quedaría con sus amigos, ella sentía una soledad profunda, como si la abandonara.

Violeta tiene muchas conductas de complacencia y de control que, en la mayoría de las ocasiones, se reflejan en su relación con la comida y con su cuerpo. De hecho, en ocasiones, para regular esa emoción de abandono y llenar ese vacío se da atracones y, después, vomita.

Aunque al principio le pareció complejo, Violeta comprendió que debía abrazar a su niña cuando su pareja quedara con sus amigos y aprovechar ese tiempo para hacer planes para ella. Entre otras cuestiones trabajadas, empezó con pequeñas metas en casa: ver una peli que le gustaba mucho pero no era de las que le gustaban a su pareja, ir de compras sola, etc. Poco a poco fuimos añadiendo actividades más complejas, hasta que consiguió ir al cine sola o desayunar en solitario en las cafeterías de su ciudad.

Ahora, cada vez que su pareja no está, le encantan esos momentos para ella. Ha aprendido y conseguido autonomía. Cuando le surgen problemas, es capaz de resolverlos sin necesidad de que la valide su familia o su pareja. Al comenzar a resolver cosas sola, se refuerza y siente que puede hacerlo, con lo que está más segura de sí misma. Al hacer planes consigo misma, ya no siente que su pareja la abandona, porque ha sanado esa dependencia que tenía hacia él.

Si te sientes identificada con Violeta, es importante que aprendas a sanar esta herida. Haz planes a solas que te gusten y te refuercen, aprende a conectar contigo. Identifica cuándo sale tu niña con ese miedo. Es ella quien intenta gestionar la situación, y no tú como adulta. Trata de preguntarte cómo podrías gestionar tú la situación (en tu figura de adulta) y abrazar a tu niña, y plantéate cómo se siente. No puedes evitar que se active la herida de tu niña, pero sí elegir abrazarla, cuidarla y gestionar la situación desde el papel que tienes hoy.

La sensación de abandono puede deberse a las situaciones siguientes:

- Cuando te pasaba algo, no había nadie para ayudarte.
- Tus padres se iban, o hacían y deshacían sin avisar.
- Bromeaban con dejarte e irse.
- Tus amigas o tu familia no contaban contigo para quedar.
- Las personas de tu entorno no te acompañaban en acontecimientos importantes.

Herida de humillación: máscara del masoquista

Esta herida ocurre ante la ridiculización, la desaprobación y las críticas, que son dardos directos a la diana de la autoestima. Para compensarlo y sentir validación, se suele tender a la dependencia. Pero se trata de un círculo vicioso: tu estima depende de otra persona, así que haces cualquier cosa para que te valide, y eso potencia tu baja estima. Es un mecanismo para evitar que vuelvan a ridiculizarte y que te juzguen o se burlen de ti.

Saber identificar la herida es fundamental para conectar con el cariño que debes aprender a darte, para autovalorarte y no basar tu imagen en lo que los demás dicen de ti.

La máscara de masoquista sale como protección a la herida de humillación, y en muchas ocasiones la persona se ridiculiza y se maltrata a sí misma considerándose no válida, menos digna o más incapaz de lo que en realidad es. Se olvida de sus necesidades propias.

> *A Macarena le pasaba esto. Vino a sesión por una mala relación con la comida: se daba atracones diarios. Había crecido en un entorno de risas, burlas y humillación hacia ella y su cuerpo, sobre todo por parte de su hermano mayor y de su padre. Le hacían bromas pesa-*

das con el físico, la humillaban en público y la hacían sentirse despreciable. Desde la adolescencia, Macarena seguía conductas de desprecio hacia sí misma, de maltrato al cuerpo y de autorrechazo; incluso se autolesionaba. También era común oírla haciendo bromas sobre sí misma y su cuerpo como si no sintiera dolor con ellas. Hoy se siente muy insegura y suele experimentar culpa muy a menudo.

Macarena cortó toda relación con su padre y su hermano; no era un entorno sano y, habiendo crecido y generado vínculos sanos que la cuidaban y la protegían, se dio cuenta de que no tenía que mantener algo que le hacía sentir tanto dolor. Fue muy duro para ella, pero muy sanador. A partir de ahí, potenciamos el desarrollo de su autoestima y su valía. Al tener un entorno de amistades tan saludable y que la ayudaban tanto, conectó enseguida con este proceso. A través de las fantasías y de mucho trabajo terapéutico, sanó su pasado. Ahora es capaz de escuchar sus necesidades, darse lo que necesita, abrazarse y aceptarse.

Es fundamental que hagas las paces con tu pasado, que sanes lo que ocurrió, para que te valores por lo que realmente eres y no por lo que las burlas decían de ti. Trabaja la autorregulación y la exposición a la libertad, y deja de asumir responsabilidades ajenas sin rebajarte, reconociendo tus necesidades y no lo que necesitan los demás. No te quites tu tiempo y libertad por los demás; date la importancia que tienes, y cuida y respeta tus necesidades.

Más adelante encontrarás un capítulo acerca de la importancia de marcar límites y de respetar lo que necesitas; puede ayudarte a trabajar esta cuestión.

La sensación de humillación puede deberse a las situaciones siguientes:

- Te obligaban a hacer cosas vergonzosas.
- Se burlaban de ti.

- Se reían de tu forma de vestir o hacían bromas al respecto.
- Te pegaban delante de la gente.
- Criticaban cómo comías o se metían contigo cuando lo hacías.

Herida de traición: máscara del controlador

Normalmente esta herida se da cuando te has sentido traicionada porque tus figuras de apego no cumplían sus promesas, sobre todo cuando se producía de forma reiterada. Has perdido la confianza, y nunca alcanzaron tus expectativas. Si tienes esta herida, puede que sientas desconfianza y aislamiento, que no te permitas confiar en los demás. Quizá sientas rencor hacia la persona que no te da lo que te ha prometido, o envidies a los que sí lo tienen, mientras que tú no te sientes merecedora de tenerlo. Temes que alguien te mienta y, aunque no lo haga, desconfías como si pudiera hacerlo. Tal vez crecieras pensando que tu papá o mamá te necesitaban, y que debías cuidarlos y protegerlos.

Es muy común que, como mencionaba antes, en terapia salga la emoción de la envidia. Si la persona siente mucha envidia, casi hasta por las cosas malas que les suceden a otros, hay que explorar qué puede estar ocurriendo.

Tal vez sientas mucha responsabilidad y exigencia, pero te cueste llegar a cumplir los compromisos. Es como si quisieras, pero no pudieras. Incluso puede que mientas y manipules. También puede que construyas expectativas altas, muestres impaciencia y quieras llevar la razón siempre.

La máscara es la de controlador, porque se necesita controlar para evitar la traición o la mentira. Pueden surgir celos, inseguridad y posesión, incluso olvidándote de respetar los límites de las demás personas, su espacio o su libertad. La fidelidad y la lealtad (a tu manera, ya que suelen estar distorsionados por las vivencias anteriores) son importantes para ti. Tal vez te cueste mantener amistades porque se generen situaciones de autosabotaje en las que tú misma crees conflictos para separarte de una persona y, así, sentir liberación al alejarte del sentimiento de fracaso.

Para ser consciente de esto, explora si han pasado por tu vida muchas personas que tú hayas ido sacando de ella. No es que se hayan ido o las hayas perdido, sino que las has echado, consciente o inconscientemente.

> Belén viene a terapia porque últimamente siente tristeza y ansiedad por su situación laboral. Le exigen mucho y no se lleva bien con su jefa. Belén piensa que todo el mundo tiene segundas intenciones, por eso en el trabajo está siempre alerta, fatigándose más de la cuenta e intentando averiguar quién va a hacerle mal para protegerse. Con su jefa le pasa todavía más por ser la figura de autoridad en el entorno laboral.
>
> En lo personal le ocurre lo mismo con su familia, y también con sus amistades. Aunque es insegura, no tiene problema en hacer amigos, pero le cuesta mantenerlos. Siempre «ocurre algo» que hace que la amistad se diluya. Además, Belén siente envidia asiduamente; desea todo lo de los demás y piensa que así conseguirá el bienestar. Tiene una concepción de lealtad y fidelidad propia y extrema, así que a menudo se siente traicionada porque es difícil que cumplan sus expectativas.
>
> Belén aprendió a escuchar sus necesidades, parar y dar la oportunidad al resto de no dudar de ellos, anticipar ni adivinar, sino centrarse en lo que sucede en el presente. Se liberó de tener que conseguir todo (incluso lo malo) para saciar esa sensación de reconocimiento. Dejó de lado su control. Aprendió a tolerar la incertidumbre y la frustración, a abrazar cuando aparecía la herida y darse lo que necesitaba para protegerse de verdad.

La sensación de traición puede deberse a las situaciones siguientes:

- Sientes que te reemplazaban por algo o alguien.
- Te hacían promesas que jamás cumplían.
- Contaban tu intimidad sin que tú quisieras.
- Viviste un divorcio o separación.
- Te mentían y te escondían conversaciones o información.

Herida de injusticia: máscara del rígido

Esta herida se genera cuando en la infancia las figuras paternales son rígidas, con una educación autoritaria y poco respetuosa. Esa exigencia por su parte puede provocar que te sientas inútil o que pienses que no vales y que no es justo.

Una vez que eres adulta, la máscara de rigidez desencadena el miedo a fallar y a equivocarse, y la tendencia a conseguir la perfección. Tal vez te cueste tener un debate educado en el que haya diferentes opiniones, ya que tus valores y creencias son muy importantes y no toleras que otra persona tenga otros. Tus juicios orales son verdades absolutas.

Tiendes a querer crecer, ser más poderosa e importante. La envidia también suele salir, pero, a diferencia de lo que ocurría con la máscara anterior, aquí sí te sientes merecedora de tener aquello que ambicionas.

Niegas tener problemas, y te cuesta dejarte ayudar y pedir ayuda.

Los demás pueden percibirte como una persona fría aunque tú te consideres cálida. Eres fiel a los demás, pero se te percibe desde la tensión y la sequedad.

Por ello, es importante trabajar esa rigidez, ese perfeccionismo y esas normas autoimpuestas, y potenciar la tolerancia, la apertura hacia el resto de los puntos de vista, la flexibilidad y la confianza en los demás.

> *Celia es una persona superexigente y meticulosa; le gusta el orden y trabajar con estructura. Su vida se centra en el trabajo, ya que de pequeña vio que su padre también era así. Sus padres le enseñaron que debía ser perfecta; en casa tenía normas rígidas, cerradas, y una moralidad muy propia. Además, Celia tiene muy interiorizado el valor de la familia, y lo que dice su padre «va a misa». Se exige mucho, no acepta los fallos y no se deja ayudar. Actualmente necesita sentir que su cuerpo es perfecto, busca la armonía perfecta, la ropa perfecta. Y en la pareja, igual. Tanto es así que le cuesta mucho encontrar una, porque nadie cumple los requisitos de perfección y normas que ella exige. En el trabajo le pasa lo mismo. Ningún compañero o compañera cumple tales requisitos, y cree que no trabajan bien porque no trabajan de la misma forma que ella.*
>
> *Cuando ocurren cosas que no puede controlar, cuando no puede realizar algo desde su rigidez y su método meticuloso, se centra en su cuerpo, porque es lo único que puede llevar a su terreno para alcanzar la sensación de control que necesita. Así pues, su motivo de consulta fue la mala relación con su cuerpo y con la comida, la falta de autoestima, etc.*
>
> *Celia aprendió a validar los logros y los aciertos, a abrazar los errores y a dar espacio a que ocurrieran; se dio permiso para ello, alejándose de la perfección.*
>
> *Aprendió a dejar salir sus emociones y abrazar su vulnerabilidad.*

La sensación de injusticia puede deberse a las situaciones siguientes:

- No contaban contigo para elegir; no te dejaban.
- Sentías que no dabas la talla.
- Te exigían la perfección.

- Se castigaba y criticaba tu **vulnerabilidad**.
- Desaprobaban tu libertad y **tu sexualidad**.

Es normal que salgan las máscaras porque es normal que quieras buscar la protección. Sin embargo, vivir con ellas no te cura, sino que perpetúa tu malestar. Vivir la vida únicamente desde la activación de la herida emocional no es saludable. Es normal que esta se active y que salte tu niña, con las gestiones que aprendió, pero debes ser capaz de aprender a abrazarla y sacar nuevas habilidades y maneras de gestionar para sostener el malestar sin necesidad de dejarte llevar por la herida. A veces solo con identificar la herida, o ciertas características, tenemos un *insight* (una revelación interna que te hace «darte cuenta») tan importante que comenzamos a conseguir cambios admirables. Porque, cuando nos damos cuenta de algo, indirectamente nos proponemos cambiarlo.

No has elegido ciertas situaciones, no eres dueña de tu pasado, no has escrito tu guion, no eres culpable, pero nunca es tarde para comenzar un cambio, para sanar, para aceptar.

Sanar las heridas emocionales

Imagínate que vas con la bici, te caes apoyando la rodilla y te haces una herida; al principio no parece nada, pero unos segundos después comienza a sangrar. ¿Qué haces con ella? Seguramente no sigues como si nada y la dejas sin curar; tampoco la abres más para que empeore, ni dejas que se infecte y adopte peor aspecto, ¿verdad? Vas a casa y, con cuidado, limpias y tratas esa herida, proporcionándole lo que necesite hasta sanar.

Además, necesitará tiempo para ello. No se curará de un día para otro. Al principio estará más húmeda, después saldrá costra y, con los días, la costra desaparecerá y estará completamente curada.

Lo mismo esperamos que suceda con las heridas emocionales. Con mimo y cariño, sin ignorarlas, dándote las herramientas que necesitas, puedes sanar. Sin prisa, con calma, poco a poco. Te lo mereces para conseguir tu bienestar.

Para sanar las heridas es importante tener en cuenta lo siguiente:

1. Valida cómo te sientes; deja salir el malestar y el dolor, sin juzgarte. Aprende a entender qué quieren decirte tus emociones, a comprenderlas y gestionarlas. Recuerda que gestionar una emoción no significa que desaparezca. Dejar que salga y aprender a transitarla sin juicio, dándole su espacio, es lo adecuado.

2. Acepta sin juzgar. Una vez que identifiques tus heridas, obsérvalas sin juicio, aceptando que están. Si te quedas en el reproche y en el rencor es imposible sanar, porque te quedarás enganchada a ellos. Recuerda: aceptar para avanzar.

3. Reconcíliate con tu historia. Esto no justificará el sufrimiento ni borrará lo sucedido, pero te permitirá sostenerla sin dolor y con sanación.

> Perdonar no es olvidar, no es justificar, no es minimizar ni reconciliarse. Perdonar es un proceso personal sin esperar nada del otro. Es un acto que hacemos por nosotros para no quedarnos estancados en el pasado. Perdonar es avanzar y no dejar que lo malo del pasado nos afecte en el presente.
>
> BERNARDO STAMATEAS (2013)

Antes de seguir voy a proponerte un ejercicio.

EJERCICIO
Mi historia con mi autoestima y mi imagen corporal

Cierra los ojos, conecta con la calma haciendo un par de respiraciones profundas, y trata de imaginar cómo ha sido tu infancia respecto a ti, tu cuerpo y tu autoestima, tu forma de mirarte y de apreciarte, y la forma en la que lo hacían los otros. Piensa y nárralo. Date unos minutos para recolocarlo y conectar con ello. Después coge papel y boli y escríbelo. Da espacio a que salgan las emociones. Da espacio a llorar, reír, sentir rabia. Eso también es importante y también nos habla mucho de lo que se ha quedado guardado en tu memoria.

_____
_____
_____
_____
_____
_____
_____
_____
_____
_____
_____
_____
_____

Si quieres, aquí puedes recolocar aquellas emociones que hayan surgido y las situaciones asociadas que hayan aparecido. Si te sirve, puedes ir a la rueda emocional que encontrarás más adelante en el capítulo 7, dedicado a las emociones.

EMOCIÓN	SITUACIÓN

Salga lo que salga, evoques las emociones y situaciones que evoques, contigo y con tu cuerpo, me gustaría que te dedicaras un abrazo a ti misma. Si no sabes cómo, en el apartado «Abrazarte» del capítulo 10 te enseño a hacerlo.

Cuando lleves a cabo el ejercicio, por favor, déjate sentir. Déjate sentirte a ti. ¿Cuándo fue la última vez (si es que la hubo) que conectaste contigo? Nadie te enseña que es importante abrazarte, tanto psicológica como físicamente.

No eres culpable de tus heridas,
pero sí eres responsable de sanarlas.

EL APEGO

Tu estilo de apego se establece desde los primeros momentos de vida y hace referencia a la forma de vincularte afectivamente. Su función es importantísima: garantizar tus cuidados y un desarrollo psicológico óptimo, y configurar tu personalidad. Cómo te cuiden en la infancia afecta a cómo aprendes a relacionarte contigo, a sostenerte y a tratarte. Por ello, entender el tipo de apego que tuviste te ayuda a comprender cómo te relacionas contigo misma y con los demás, y, por supuesto, con tu cuerpo: desde la exigencia, desde la perfección, desde la evitación, desde el autocastigo, etc.

Cuando naces y creces, vas adquiriendo información de

las personas que escoges como modelos; generalmente, aquellas que están cerca de ti, tus figuras parentales. Estas figuras, lo que tú esperas de ellas y ellas de ti, los comportamientos, los aprendizajes, etc., dejan ciertas huellas en ti que pueden influir en la forma en la que generas vínculos con los demás, pero también contigo misma. Cuando naces y durante la infancia, la madre y el padre son las principales figuras de apego. Sin embargo, cuando vas creciendo, en la adolescencia, comienzas a realizar el duelo de tu etapa infantil, dejando ver características nuevas de ti y eligiendo como modelos a personas de tu entorno (amigas y amigos), e incluso el modelo social del momento, como las redes sociales y el ideal de belleza de culto al cuerpo. Es decir, cómo te relacionas contigo depende del tipo de apego (seguro o inseguro), de los cuidados y de la seguridad que hayas ido recibiendo. Por ello, cuando crezcas, en tu búsqueda de seguridad y sostén, indagarás cómo crees que debe ser tu imagen corporal para que la acepten. La autoestima equilibrada (apego seguro) en la infancia será clave para potenciar una visión positiva de tu relación con tu cuerpo.

Párate un segundo a reflexionar:

- ¿Cómo es tu vínculo con las personas que quieres?
- ¿Cómo es la relación que tienes con ellas?
- ¿Te sientes segura o insegura?
- ¿Qué haces respecto a ello?

El apego engloba tu forma de cuidar, de cuidarte y de que te cuiden; tu forma de incluir o sentirte incluida, de dar y recibir, de aceptar y que te acepten. Y esto, directa o indirectamente, influye en la forma en la que puedes responderte a ti misma y en tus actos hacia ti.

Si comprendes tu estilo de apego, tu forma de relacionarte con los demás, aprendes a detectar tu funcionamiento y a comprenderlo, de modo que puedas darte lo que necesitas en cada situación. Comprender por qué actúas como actúas, por qué te sientes así, alivia mucho. Además, te da una extensa visión acerca de qué necesitas emocionalmente, de tu guion de vida e historia vital, y de cómo te relacionas, así como información sobre el origen y el mantenimiento de alguna situación, problema o funcionamiento.

Te propongo que leas las siguientes afirmaciones y contestes si te sientes identificada con ellas, con calma y sinceridad. No se trata de conseguir una autoevaluación ni un diagnóstico, sino de reflexionar con tus respuestas, entenderte e indagar qué puede significar esto para ti.

	SÍ	NO
1. Me cuesta regular mis emociones.		
2. Tengo inestabilidad emocional.		
3. Identifico heridas o traumas que siguen conmigo.		
4. Nunca expreso lo que siento.		
5. Habitualmente no siento desconfianza.		
6. A veces lo que hago se contradice.		
7. Me pregunto si valgo lo suficiente.		
8. Siento y pienso que es difícil fiarse de las personas.		
9. Nunca siento que me quieran suficiente.		
10. Siento que me respetan y me quieren.		
11. Es difícil para mí el compromiso.		
12. No siento temor al abandono en mi día a día.		
13. Siento que no valgo; mi autoestima es baja.		

	SÍ	NO
14. Tengo un miedo profundo al abandono.		
15. Busco personas que sé que me aportan.		
16. Soy una persona fría.		
17. He sufrido maltrato en pareja.		
18. Expreso e identifico mis necesidades.		
19. Soy capaz de crear vínculos sanos para mí.		
20. El miedo a que me hagan daño limita permitir que me amen.		
21. Me cuesta abrirme y expresar deseos o sueños.		
22. Pongo en práctica la asertividad.		
23. Siento necesidad de tener la atención del resto.		
24. Siento celos y posesión fácilmente.		
25. Siento que siempre me dejarán en mis relaciones.		
26. Soy una persona empática conmigo y el resto.		
27. Busco la validación en todo lo que hago.		
28. Siempre encuentro fallos y defectos en las personas con las que me vinculo.		
29. Me autoboteo desde el miedo y la ansiedad, y no permito que me amen.		
30. Escucho, entiendo y gestiono mis emociones.		
31. No me cuesta conseguir complicidad real con los demás.		
32. Intento controlar y detectar todo el tiempo señales de engaño o de que ya no me quieren.		
33. Considero mi autoestima equilibrada.		
34. Siento incomodidad cuando hay intimidad emocional.		
35. Siento preocupación excesiva de pareja.		

	SÍ	NO
36. Me aferro a personas, aunque me hagan daño.		
37. Reprimo mis emociones.		
38. No me cuesta intimar y dejarme llevar.		
39. He tenido relaciones basadas en la dependencia emocional.		
40. No escucho mis necesidades.		
41. Dejo ir a personas que no me aportan.		
42. Soy excesivamente independiente.		
43. No me es fácil comprender los sentimientos del resto.		
44. Si tengo que expresar lo que siento, me enfado.		

Cuando hayas respondido, toca revisar las respuestas y ver con qué estilo de apego te sientes más identificada. Para ello, fíjate en la tabla siguiente, en la que cada fila contiene una suma de números. En cada fila (A, B, C y D), suma solo los números de aquellas afirmaciones en las que has marcado un «sí» o con las que te has sentido identificada:

		SUMA
A	1 + 3 + 6 + 8 + 13 + 17 + 20 + 25 + 29 + 36	
B	2 + 7 + 9 + 14 + 23 + 24 + 27 + 32 + 35 + 39	
C	4 + 11 + 16 + 21 + 28 + 34 + 37 + 40 + 42 + 43 + 44	
D	5 + 10 + 12 + 15 + 18 + 19 + 22 + 26 + 30 + 31 + 33 + 38 + 41	

Ahora comprueba qué te ha dado cada suma. ¿En qué fila has obtenido mayor puntuación? Explora e indaga en los tipos de apego, que encontrarás al seguir leyendo, para comprobar si te sientes identificada con ellos:

A	APEGO DESORGANIZADO
B	APEGO AMBIVALENTE O ANSIOSO
C	APEGO EVITATIVO
D	APEGO SEGURO

Tipos de apego*

> A menudo, acabamos haciendo a los demás lo mismo que hicieron con nosotros en algún momento.
>
> JOHN BOWLBY

A la cita de John Bowlby, añadiría: «A los demás, e incluso a nosotros mismos». Como has visto, el apego en la infancia y las heridas emocionales pueden afectar a tu forma de relacionarte y de «ser», por lo que dejarán huella en la adulta que serás y en la manera en que te relacionarás con los demás, contigo misma y con el mundo.

> *En la adolescencia, a Laura le hacían bullying en el colegio; no se sentía parte de un grupo, y siempre intentaba complacer y cuidar para que los amigos le hicieran caso. Además, en casa, sus padres no estaban siempre disponibles, porque trabajaban, por lo que Laura no sabía cuándo podría contar con ellos. De mayor, Laura ha desarrollado un miedo profundo al rechazo, un comportamiento evitativo hacia los demás y cierta complacencia, olvidándose de ella y de lo que necesita. Solo quiere ser aceptada. Para poder gestionar todo el malestar, en un aprendizaje*

---

* En este apartado usaré estas palabras como sinónimas: «mamá», «papá», «figuras de apego», «criadores», «figuras parentales», «figuras de autoridad».

> *erróneo de lo que es sostenerse y darse su propia seguridad, ha aprendido a ser aceptada a través de su cuerpo. Como consecuencia, además de todo lo que hay detrás y no se ve, se da atracones y maltrata su cuerpo para regular cómo se siente, olvidándose de que su cuerpo es el templo que debe mantener sano para ella.*

Cuando naces, lo haces de forma «limpia», «pura», «genuina», entendiendo estos términos como la ausencia de cualquier información; no estás fusionada con nadie ni nada. De hecho, naces sin odiar tu cuerpo, sin odiarte a ti; naces siendo natural y genuina; no tienes otra información. Además, naces predispuesta al bienestar, porque innatamente buscamos siempre la emocionalidad agradable y el placer. Pero, en el momento en que comienzas a interaccionar con el medio, el contexto y las circunstancias del entorno, empiezas a modificar esa «pureza» innata. Por eso es importante conocer tu historia vital, tu pasado, tu educación y tu guion de vida, como explicaba con anterioridad.

En los primeros años, la relación entre las criaturas y sus progenitores es increíblemente potente, y los patrones de apego cumplen un papel fundamental. Después vas creciendo y desarrollándote, interactuando con estas figuras y el mundo, y te comportas de una manera u otra según los aprendizajes y refuerzos que hayas tenido, y de cómo haya sido (y siga siendo) esa vinculación. Por supuesto, a medida que te vuelves adulta adquieres el poder de trabajar sobre aquellos aprendizajes, reglas, creencias, etc., y sanar las heridas, si las hubiera. Que casi siempre las hay.

Y si eres madre o padre y me estás leyendo, o hija o hijo con madre y padre, tranquila, tranquilo: las madres y los padres lo hacen todo lo bien que saben; muchas veces no tienen más herramientas o no saben cómo usarlas. Así que no eres culpable; no son culpables. Al final es inevitable la fusión entre los progenitores y los hijos e hijas, si son quien los crían y los cuidan. Son los encargados de trasladarte la información, y después tú, con el tiempo y la madurez, adquieres conciencia de ello, desde tu autoconocimiento y tus necesidades, y puedes elegir con qué información te quedas.

Tú tampoco eres culpable de tu educación, de las heridas del pasado ni de quién te hicieron ser, pero sí eres responsable de sanar, porque la salud mental también es una responsabilidad individual y puedes decidir cuidarla.

Además del tipo de apego, hoy en día sabemos que hay otros factores que pueden tener un efecto en la edad adulta, como las necesidades que se cubren —o no— en la etapa infantil, la genética individual y las experiencias de afecto que se dan a lo largo de la historia vital, tanto en la infancia como en la adultez. Es decir, no es que lo que te pase en la infancia determine cómo eres de adulta, sino que lo que te pasa en la infancia ayuda a sumar gotitas en el vaso de agua que irá llenándose durante tu historia vital, solo que el agua de la infancia cubre un peso importante y determinante. En la adultez también pueden pasarte cosas que actúen de manera clave en tu abordaje terapéutico. Una herida puede ser el acoso del colegio, pero también la ruptura de una amistad a los treinta y cinco años. Las heridas o traumas no solo están en la infancia, aunque sí es una etapa más sensible.

La teoría del apego se basa en cuatro tipos de apego en la infancia:

Apego seguro

Este es un tipo de apego deseable o saludable. Se da cuando el adulto es responsable con las necesidades del bebé, interactúa afectivamente de forma constante y estable, y está disponible para él. En este caso, hay validación emocional y seguridad. A partir de los dos años, el bebé comenzará a explorar el mundo y se mostrará seguro y con bienestar, ya que sabrá que sus figuras de referencia están ahí para darle seguridad y validarle. Estas se mostrarán disponibles incondicionalmente y apoyarán a la criatura, haciendo que se sienta aceptada, valorada y querida. No solo se trata de atender las necesidades de higiene y alimentación, sino también las emocionales. Cuando hay apego seguro, no hay miedo excesivo y no cuesta entablar vínculo con los otros.

En el apego seguro, las figuras parentales están por y para el bebé, y el bebé tiene una relación vincular sana; los busca cuando los necesita porque sabe que estarán ahí para cubrir su necesidad.

Apego evitativo

En este tipo de apego, la criatura ha aprendido que sus figuras de referencia no estarán para ella cuando las necesite; por tanto, evoca malestar. Por otro lado, aprende a vivir sabiendo que recibirá un amor pobre y deficiente, lo que la llevará al distanciamiento emocional. Este se llama así porque hay una distancia entre los criadores y el bebé: si se separan, no llora; no busca tanto el contacto.

Si desde pequeña has experimentado que las figuras que deben ser las más importantes para ti no están disponibles, afectará a la forma que tienes de relacionarte con el resto de las personas a medida que crezcas.

Apego ambivalente o ansioso

Como el propio nombre indica, es la fluctuación entre los dos apegos anteriores. Puede haber unos padres presentes, preocupados, que nutran y cubran las necesidades y estén ahí para sus criaturas. Pero tan pronto están disponibles como no lo están, y generan esa separación de cuidado y necesidades que produce vínculos inconsistentes y de ambivalencia.

Por ende, el niño aprende desde la desconfianza. No es posible predecir el tipo de respuesta que le darán los padres, y eso produce mucho malestar, inseguridad y desconfianza.

Apego desorganizado

En este caso, el entorno es totalmente desestructurado y patológico: hay abusos, maltrato y agresiones, emocionales o físicas. El contexto es negligente o inseguro. Se trata de una mezcla entre los dos tipos anteriores de apego: evitativo y ambivalente.

Cuando un niño o niña nace y vive en este entorno, realmente no ha podido conocer otro distinto. Así pues, por un lado pensará que ese es su entorno de supervivencia, pero por otro sabe que no es seguro para él o ella. Eso le afectará en todo su desarrollo social, emocional, etc.; no sentirá confianza hacia la figura paternal, o sentirá excesivo miedo.

TIPO DE APEGO	FIGURAS PARENTALES	CÓMO SE SIENTEN LAS CRIATURAS
Seguro	– Responsables. – Presentes. – Que cubren las necesidades emocionales y físicas. – Que crean un buen vínculo.	– Seguras. – Conscientes de que hay una figura de apoyo a la que recurrir. – En bienestar y seguridad. – Queridas y valoradas.

TIPO DE APEGO	FIGURAS PARENTALES	CÓMO SE SIENTEN LAS CRIATURAS
Evitativo	- Ausentes. - Que no están presentes para cubrir las necesidades físicas y emocionales.	- Inseguras. - Con sufrimiento. - Distanciadas emocionalmente.
Ambivalente o ansioso	- Inconsistentes a la hora de cubrir las necesidades. - Ausentes y presentes.	- Con miedo. - Angustiadas. - Inseguras. - Intranquilas.
Desorganizado	- Negligentes. - Agresivas. - «Del todo carentes de apego», según algunos autores. - Que abandonan de forma temprana.	- En contradicción: saben que el ambiente no es seguro, pero es lo que conocen. - Siguen conductas explosivas. - Sufren desbordamiento emocional.

Tipos de apego en la adultez

Para la mayoría de las personas, las vivencias de la infancia son determinantes en la vida adulta y en cómo construyen las relaciones con los demás y consigo mismas.

Es más probable que la personalidad se desarrolle en función del tipo de apego que hayas tenido en la infancia. Ahora bien, como ya sabes, y como he mencionado con anterioridad, que sea probable no quiere decir que se dé sí o sí; eres mucho más compleja que una simple asociación.

No obstante, conocer tu sistema de apego en la infancia puede ayudarte a conocerte mejor y a entender ciertos rasgos de tu personalidad para poder trabajarlos.

Un apunte importante es que siempre trates de reflexionar sobre ti y tus relaciones, contigo y con los demás, así como sobre su implicación en tu imagen corporal. Sin embargo, no es lo mismo que se den ciertos rasgos que sufrir un trastorno de personalidad, al igual que pueden darse rasgos inseguros teniendo un apego seguro o una infancia con bienestar. Es probable que haya rasgos que te suenen, que vivencies y que se identifiquen contigo, pero no por ello tengas una literalidad diagnóstica. No eres un robot al que programen al nacer y actúe en consecuencia. Eres una persona humana que se interrelaciona con todo su medio a lo largo de su vida. Por ello, si algo te resuena y es importante para ti, te invito a pedir ayuda profesional. Identificarse desde la información no es un diagnóstico, sino una ayuda para conocerse y trabajarse o pedir ayuda.

Personalidad segura

Es más probable que la personalidad segura se dé en aquellas personas que han tenido apego seguro en la infancia. Ciertas características pueden ayudarte a identificarla:

- Una autoestima equilibrada.
- Mayor seguridad en sí mismas.
- Mayor probabilidad de relacionarse de forma sólida con los demás.
- Visión buena y pragmática de sí mismas.
- Tienen y buscan vínculos afectivos significativos, no banales, seguros y positivos, así como vínculos felices, cercanos y sólidos.
- Son independientes.

Personalidad evitativa

Es más probable que la personalidad evitativa se dé si has tenido apego inseguro evitativo en la infancia. Ciertas características pueden ayudarte a identificarlo:

- Autoestima desequilibrada.
- Visión intrascendente de los vínculos afectivos.
- Personalidad solitaria y desapegada.
- Desconfianza hacia el resto.
- Falta de apertura hacia los demás.
- No satisfacer necesidades ajenas.
- No dejar apertura a las emociones propias; frialdad aparente o real.
- No responsabilizarse de los problemas ni las soluciones, por lo que es común que no exista responsabilidad afectiva; suele tratarse de personas evitativas que ponen en práctica la huida.

Personalidad preocupada e insegura

Es probable que tengas una personalidad preocupada e insegura si tu tipo de apego en la infancia fue ambivalente-ansioso. Esto puede provocar:

- Adultos inseguros y con baja autoestima.
- Alta autocrítica.
- Dificultad en las relaciones.
- Búsqueda de la aprobación en las relaciones afectivas.
- Temor al rechazo, a que desaparezcan, a que te traicionen...
- Alta probabilidad de tener relaciones y vínculos dependientes.

Personalidad temerosa

Estos rasgos de personalidad son típicos del apego desorganizado:

- Desequilibrio interno debido al trauma del abuso y la negligencia en la etapa infantil.
- Quiebra emocional.
- Sentimientos de inseguridad y baja confianza.
- Bajo concepto de uno mismo y de los demás.
- Dificultad para tener relaciones afectivas sanas.
- Falta de construcción real de competencias emocionales y su gestión.
- Evitación de la intimidad.
- Emociones de ansiedad y malestar ante la pérdida.

Te dejo una tabla resumen por si te ayuda a entender mejor la información:

APEGO	NIÑOS	ADULTOS
Seguro	• Seguros. • Queridos. • Valorados. • En bienestar y seguridad.	• Autónomos. • Que expresan y entienden las emociones. • Que confían en sí mismos y en los demás. • Que marcan límites. • Que regulan las emociones. • Que establecen relaciones saludables. • Sin miedo a la intimidad. • Que, en general, se sienten bien y seguros consigo mismos y los demás.

APEGO	NIÑOS	ADULTOS
Evitativo	· Temerosos y con miedo. · Que sienten angustia. · Inseguros. · Intranquilos. · Que no sienten apoyo por parte de sus figuras parentales.	· Que evitan el contacto físico. · Que evitan la intimidad. · Que se expresan con dificultad. · Excesivamente independientes. · Con poco contacto físico. · De apariencia fría y distante. · Con dificultad para empatizar y actuar en consecuencia. · Con baja confianza en los demás y en sí mismos. · Que minimizan las relaciones interpersonales.
Ansioso ambivalente	· Con miedo. · Con angustia e inseguridad. · Con angustia ante las separaciones.	· Que necesitan buscar siempre el afecto y la validación del resto. · Inseguros. · Con dependencia emocional. · Que buscan atención y afecto. · Que desconfían de sí mismos y de los demás. · Con miedo a ser abandonados o rechazados. · Celosos. · Que sienten que los demás no los valoran ni les hacen caso. · Con dificultad para expresar las emociones de forma clara.

APEGO	NIÑOS	ADULTOS
Desorganizado	• Con conductas explosivas. • Que destruyen sus cosas y sus juguetes. • Que reaccionan de forma impulsiva. • Con dificultad para entenderse con el resto y con las personas que los cuidan.	• Sin regulación emocional. • Lábiles emocionalmente. • Con problemas para marcar límites. • Que se relacionan con los demás desde la confusión y el miedo. • Con una imagen distorsionada de sí mismos y baja autoestima. • Con dificultad para confiar en los demás. • Con tendencia a controlar a los demás y sus situaciones. • Con desbordamiento emocional.

Pero ¿cómo afecta el apego a la imagen corporal y la aceptación? Por aquí te dejo una tabla resumen que te ayudará a verlo:

APEGO	RELACIÓN CON EL CUERPO Y LA AUTOESTIMA
Seguro	• Confianza en una misma. • Mayor regulación emocional. • Autoestima equilibrada. • La imagen corporal no depende del grupo social. • Menor probabilidad de TCA. • Imagen corporal positiva. • Mayor cuidado del cuerpo. • Buena relación con la comida y la imagen corporal. • Mayor satisfacción física. • Aprendizaje de regulación emocional adaptativo. • No se necesitan la aceptación ni seguridad externas.

APEGO	RELACIÓN CON EL CUERPO Y LA AUTOESTIMA
Evitativo	• Perfeccionismo desadaptativo. • Imagen corporal negativa. • Insatisfacción corporal. • Comida y cuerpo como medio para conseguir el control. • Problemas con la alimentación. • Regulación emocional desde la comida y el cuerpo. • Internalización del modelo de delgadez. • Autoestima desequilibrada por la dificultad de reconocer, expresar y gestionar emociones. • Mayor riesgo de TCA. • Mayor riesgo de atracones como regulación emocional.
Ansioso ambivalente	• Dependencia de los demás para la aceptación corporal. • Miedo al rechazo. • Imagen corporal para evitar el rechazo. • Perfeccionismo. • Comida y cuerpo como medio para conseguir el control. • Mayor idealización de la apariencia física. • Vigilancia constante del cuerpo. • Internalización del modelo de delgadez. • Menor estima al cuerpo y a la imagen. • Mayor probabilidad y riesgo de TCA. • Mayor relación con la restricción.
Desorganizado	• Comparte características con el apego ansioso y evitativo.

Cuando tienes apego seguro, se intuye que, de adulta, tu autoestima será saludable, habrás aprendido a marcar límites y a cuidar tu cuerpo, no priorizarás tu imagen corporal como única fuente de refuerzo, y gestionarás la incertidumbre y la pérdida de control de forma adaptativa. La valoración de ti misma será positiva. Sabrás escuchar tus necesidades y cubrirlas.

Un apego inseguro puede provocar que tengas tendencia

a gestionar estas situaciones intentando cambiar tu cuerpo, maltratándote desde una mala relación con la comida, autolesionándote e infligiéndote daños, buscando la validación con el físico, restringiendo bajo la creencia de que eso cambiará tu cuerpo y serás más valida, tapando y escondiendo las características físicas que no te gustan de ti, haciendo comprobaciones en el espejo, retocándote de manera continua o pasando por cirugías estéticas, etc. Además, si tuviste figuras que te rechazaban, aprenderás a regularte rechazándote y rechazando tu cuerpo. El apego inseguro produce dificultad a la hora de regular las emociones, por lo que puede que las gestiones desde tu relación con la comida y el cuerpo. Por eso es tan importante indagar cómo funcionas y trabajarlo. Nadie nace queriendo maltratar su cuerpo.

> La psique humana, al igual que los huesos humanos, está fuertemente inclinada hacia la autocuración.
>
> JOHN BOWLBY

Tus heridas, tu infancia, el apego o quien fuiste de niña no determinan tu vida de manera rígida, como si ya nada se pudiera cambiar. Sanar forma parte del camino terapéutico para conseguir una vida plena. No dejes que tu pasado te direccione hacia el futuro pensando que no tienes cómo trabajarlo y cambiarlo. Aceptar las heridas y entender tu relación con los demás y tu entorno te ayuda a abrazarte para poder trabajar y sanar. Tú no eres culpable de tus heridas, pero sí responsable de sanar y encontrar tu bienestar. El cerebro está preparado para cambiar, reprogramarse y sanar. Lo has hecho como has sabido, no es culpa tuya. Pero ahora, si quieres, puedes elegir cómo seguir tu camino.

El apego en la infancia, la personalidad en la adultez, las

heridas emocionales y sus máscaras te ayudan a comprender quién eres y por qué te relacionas así contigo y con tu cuerpo; por qué te maltratas, por qué te rechazas, y en qué momento y por qué aprendiste a tratarte así.

En el siguiente apartado, para seguir aprendiendo qué fue lo que te separó de una buena relación contigo y con tu cuerpo, te explicaré la teoría del yo rechazado para que entiendas que lo que rechazas no es la imagen de ti, sino la niña que fuiste y que tanto sufrió.

DISOCIACIÓN: LA TEORÍA DEL YO RECHAZADO

Tener una imagen equivocada e irreal sobre ti te genera un estado de preocupación e insatisfacción contigo misma. Es importante identificar el grado de insatisfacción que sientes, ya que puede no gustarte algo de ti o que llegue a ser una obsesión extrema que te limite. Cuando tienes una gran preocupación por la imagen corporal y la figura, puede provocarte tanto malestar que llegues a disociar (a separarte de ti misma) para intentar «salir del cuerpo», como si no fuera parte de ti. Sentir que el cuerpo no te pertenece, pensar que es el que te ha tocado pero que no soportes verte, es común cuando se produce este rechazo. Cuando existe este rechazo al cuerpo y esta obsesión por la imagen, en cierta manera surge también la vergüenza hacia el propio cuerpo, el miedo a hacer el ridículo, a sufrir o a sentir lo que un día sentiste por tener ese cuerpo.

Pero ¿qué significa disociar? Significa desconectar emocionalmente, desconectar de ti, experimentar recuerdos como si no los hubieras vivido o ver tu cuerpo como si no fuera tuyo, desde el rechazo. Significa separación. Te separas de ti y de tu cuerpo, de ti y de tus emociones o sensaciones.

El yo rechazado

El yo rechazado* está muy relacionado con las vivencias de tu pasado y las heridas que han podido quedar sin sanar. Hace referencia a lo que fuiste y no quieres volver a ser jamás. El yo del pasado, que existió y ahora rechazas desde otra imagen, representa aquello que te avergüenza o preocupa.

> *Laura tiene un puesto alto en una gran empresa. Venía a consulta para trabajar temas laborales; sin embargo, a medida que profundizábamos comenzaron a salir preocupaciones y aspectos sobre su imagen que había que trabajar. De pequeña, Laura no tenía un cuerpo normativo; era más gorda que su hermana y que el resto de sus compañeros y compañeras. En clase no se metían con ella y, aunque tenía amigas, creció convenciéndose de que era demasiado diferente y de que no estaba bien. En su adolescencia perdió mucho peso mediante la restricción y, aunque nunca fue diagnosticada con un TCA, no tiene buena relación con la comida ni su cuerpo. Sobrevivió a esa etapa como pudo, y se centró en mantener la delgadez que consiguió y en su trabajo. A medida que crecía, fue olvidando esa etapa como si no hubiera existido y centrándose en su éxito laboral y su físico delgado de ahora. Como consecuencia, casi ni se acordaba de la niña que fue, pero rechazaba cualquier aspecto que le evocara el que había tenido. Cuando se mira al espejo, Laura no se ve a sí misma; ve el rechazo de la niña que no quiere volver a ser.*

No ver tu cuerpo como es en realidad o como los demás te ven, distorsionar tu cuerpo y su imagen, también es disociación, ya que ver supone una forma de distanciarte de él, evitarlo y alejarte de lo que representa.

* Natalia Seijo, «El yo rechazado: cómo trabajar con la distorsión de la imagen corporal en los trastornos alimentarios», *ESTD Newsletter*, vol. 5, n.º 4, 2016, pp. 5-14.

> *Laura se miraba al espejo y siempre quería verse más delgada y con más éxito. Eso la ayudaba a tapar las heridas que tenía sin sanar. La ayudaba a no conectar con el dolor, y a evitar esa parte de su yo y disociarse de ella.*

Cuando te miras al espejo y ves tu imagen distorsionada, no cambia en el día a día, y genera dolor no poder conectar con tu yo y tu cuerpo de manera real y genuina. Por eso, decirle a alguien al que le está cambiando el cuerpo o que está pasando por un TCA «No adelgaces más, si así estás genial» no solo es un comentario que está fuera de lugar y no ayuda, sino que no modificará cómo se ve la persona. No importa el tiempo que pase, las experiencias que vivas ni lo que te digan; tu cuerpo seguirá representando, para ti, la figura de tu pasado, no solo como algo físico (cómo era tu cuerpo), sino también como un constructo psicológico y traumático (cómo te sentías en ese cuerpo, con tu contexto y con las personas que te rodeaban). Es la imagen del yo rechazado a la que no quieres volver. No es lo que se ve, sino lo que significa.

Cómo te sentías en el pasado hace que no quieras volver a sentirte así, que no quieras volver a experimentar esas emociones: vergüenza, rechazo, malestar, soledad, preocupación, etc.

> *Laura no quería ser esa niña que se sentía diferente, cuyo cuerpo era distinto, la avergonzaba y la llevaba a compararse y a preguntarse por qué no era «normal». Laura quiere ser la persona exitosa que es hoy, a la que halagan a diario. Laura rechaza cualquier conexión con las emociones de su pasado. De hecho, llevaba años sin ver fotos de cuando era niña, hasta que un día, en terapia, trabajamos un ejercicio con un álbum de fotos antiguo en el que tuvo que conectar consigo misma de pequeña y con el recuerdo y las emociones que había estado evitando. Fue un ejercicio muy duro, pero bonito y enriquecedor. Al terminar, Laura pudo abrazar a su niña.*

Por tanto, cuando te mires al espejo y veas tu reflejo, puede que no estés viendo quién eres, sino quién fuiste y sus heridas. Puede que estés viendo el miedo a que esa imagen vuelva a trasladarte al daño que un día sentiste o te hicieron. Puede que estés viendo a tu niña.

Defensas

El yo rechazado es un escudo que hace que generes defensas para protegerte. Pero ¿en qué consisten estas defensas? ¿Cuáles son? Tu mundo interno activa mecanismos de defensa al percibir una amenaza, ya sea real o imaginada. Imagínate que estás en el sofá viendo una peli, de repente oyes un ruido y te asustas pensando que puede ser un ladrón. Te levantas, coges un bate de béisbol que tienes a mano y vas hacia la ventana mientras te proteges. Independientemente de si ese ruido indica que hay un ladrón entrando en tu casa, reaccionarás de la misma manera. No dirás: «Bueno, me espero a que entre el ladrón y ya me preparo». No, lo harás exactamente igual porque se ha activado tu sistema de defensa. Tienes miedo. El miedo protege. Tu defensa en esa situación es el bate de béisbol.

El yo rechazado tiene estas defensas con las que seguramente te sientas identificada:

- **Distorsión de la imagen**, porque a través de ella se asegura que no volverás a ser lo que te causó tanto sufrimiento.
- **No aceptar tu cuerpo**, oponerte a él, rechazarlo. A él y a su representación, tanto su imagen como tu percepción de ella.
- **La vergüenza.** Sale para evitar que te expongas y enseñes lo que percibes como negativo. Te esconderás y es-

conderás tu cuerpo para protegerte y defenderte de sentirte humillada.
- **La preocupación.** Te protege para que no vuelvas a vivenciar ni vuelva a darse lo que se dio en el pasado. Ocasiona que desconfíes y estés alerta.

Aunque estas defensas te han ayudado a sobrevivir, haciéndolo como has sabido hasta ahora, necesitas aprender a protegerte de verdad, desde la adulta, sanando lo que sentiste, abrazarte, entenderte.

> *Laura aprendió a dejar de intentar protegerse desde el rechazo, olvidándose de quien fue, separándose de su cuerpo y rechazando a su niña; dejó de maltratar su cuerpo, comenzó a mostrar el cuerpo que genuinamente tenía y aprendió a aceptar quien fue, a abrazarse y a conectar con su pasado para reconciliarse.*

EJERCICIO
El yo rechazado

Aunque trabajar el yo rechazado y la disociación es un proceso que debe hacerse con mucho tacto y calma, en terapia, te dejo unas preguntas para que puedas ir conectando con él:

- ¿Qué edad tiene para ti tu yo rechazado? ¿Con qué edad lo identificas?
- Trata de imaginarte esta parte de ti. ¿Cómo la ves físicamente? ¿Cómo va vestida? ¿Dónde se encuentra? ¿Qué emociones evoca? ¿Está sola o en compañía?
- ¿Qué sientes al ver tu yo rechazado y conectar con él? ¿Qué emociones te evoca?

Me paro para recordarte que eres válida por el simple hecho de ser y de existir. Eres mucho más que tu físico.

Ahora que has podido comprenderte y entenderte, reconocer tus heridas, familiarizarte con el apego e indagar quién eras para saber escuchar qué significa que hoy te rechaces, te dejo este iceberg que me ayuda mucho a enseñar qué hay realmente debajo del miedo a engordar, a que el cuerpo no sea bello, a tener características que no te gustan, etc.

¿QUÉ HAY DEBAJO DEL MIEDO A ENGORDAR, TENER LAS OREJAS GRANDES, ENVEJECER, ETC.?

LO QUE SE VE

ENGORDAR, TENER LAS OREJAS GRANDES, ENVEJECER

LO QUE NO SE VE

Miedo a quedarme sola
Miedo al rechazo
Miedo a no valer
Miedo a no ser suficiente
Miedo a no encajar
Miedo a defraudar
Miedo al abandono
Miedo al descontrol
Miedo a sentir lo que un dia viví
Miedo a no ser perfecta
...

4

Entiende cómo te relacionas contigo y con los demás: los estados del yo

¿Qué son los estados del yo y qué tienen que ver con la forma en la que te relacionas contigo, con los demás y con tu imagen corporal?

Los estados del yo son un concepto que me encanta y que suelo usar mucho en terapia para ayudar a mis pacientes a entenderse empleándolo en su día a día. Por eso quiero trasladártelo a ti, para que también puedas usarlo y nutrirte de él. Comprender y comenzar a usar estos estados, y su relación contigo, puede ayudarte a entender quién eres y a comprender tu personalidad y tu forma de ver el mundo, a ti misma y al resto. También enseñan cómo funcionas, es decir, cómo vives y te relacionas con todo lo que te rodea, tu conducta, tus emociones, etc. Por ello, te ayudarán a entender por qué te relacionas así con tu cuerpo, en qué momento dejó de gustarte, de quién aprendiste o quién te enseñó que tu figura no era adecuada, quién o qué hizo que pensaras que debías ser «perfecta», etc.

En definitiva, son una forma de entenderte y poder cambiar aquello que no funciona y potenciar lo que sí, desde una mirada cariñosa, sin juicio, complementando lo que ya has leído sobre el apego y las heridas.

Carla es una persona amigable, cercana y supercariñosa. Le encanta estar con la familia y expresa mucho su amor. No obstante, cada vez que ve a su tía, la hermana de su madre, siente como si un fuego le recorriera el pecho, como si comenzara a enfadarse, y actúa de una forma muy reactiva: todo lo que diga su tía le parece mal; tiende a contestarle, a estar fría con ella, a aislarse; la trata con desprecio, y está a la defensiva y desde un enfoque de «no pienso hacerte caso», sin ser consciente de ello. Carla ha dejado de ser ella misma y, sin ser consciente de ello, actúa desde su niña para protegerse, desde esa protección desadaptativa, desde unos recursos automáticos que la «defienden».

Además, en ese entorno, a Carla solo le pasa con su tía. Cuando trabajamos juntas en terapia comprendimos que, desde que Carla era pequeña, su tía hacía comentarios sobre el cuerpo de la gente, sobre el suyo propio y el de Carla, comentarios duros y con desprecio. Ella se sentía muy mal, pero nunca comentaba nada porque, si lo decía su tía, tenía que ser así, ya que era una persona mayor y con autoridad. Carla actuaba desde su niña sumisa, absorbiendo todo lo que decía su tía, pero sin hacer nada más. Sin embargo, conforme crecía, Carla estaba, casi sin darse cuenta, a la defensiva.

En este caso, cuando Carla se enfada, se enfurruña y se siente así con su tía, es su niña rebelde quien se activa, la niña que un día sufrió. Aunque parezca cosa del pasado, es inevitable revivir ese momento y comenzar a funcionar desde la herida que quedó. Porque a veces el pasado no se acepta pero está más presente de lo que creemos y actuamos desde ese anclaje. Esta manera de actuar, de sentirse y de pensar de Carla la ayudará a percatarse de que debe marcar límites o trabajar esa herida que activa a su niña para poder gestionar esa situación desde su estado adulto.

Para que comprendas mejor a Carla y a ti misma, te explicaré el funcionamiento (las decisiones que se toman, las conductas que se llevan a cabo, las gestiones…), según el análisis transaccional, que se organiza desde los estados del yo: padre, adulto y niño.

Todas las personas tienen todos los estados del yo. Así pues, aunque algunos te harán sentirte más o menos identificada cuando los leas, cuentas con todos, pero algunos serán más grandes y otros más pequeñitos.

Estos estados te ayudarán, como decía anteriormente, a comprenderte y a entender cómo vives relacionándote contigo, con los demás, con el mundo que te rodea y, por ello, con tu cuerpo y tu figura. La idea de la terapia (y de leer el libro) no es que desaparezca ninguno, sino que estén equilibrados y ocurran o aparezcan de forma correcta, en el momento correcto. Trata de comprender, al leer, cómo actúas en tu vida, cuál crees que se muestra más grande para ti, con cuál te identificas menos, cuál deberías potenciar y trabajar más, etc.

Por ejemplo, si volvemos al caso de Carla, ella deberá escuchar a su niña para sanar y cambiar el modo de gestionar la situación cuando esta se activa con su tía, ya que en ese momento, sin darse cuenta, solo sabe protegerse desde el desprecio. En terapia trabajamos sanar la herida, como viste en el capítulo anterior; Carla escuchó a su niña para poder marcar límites con su tía desde la adulta, y aprendió herramientas para protegerse de una manera más saludable para ella.

A lo largo de tu historia vital, como le pasó a Carla, saldrán figuras que deberás trabajar conscientemente y aprender a manejar.

¿Cuáles son esas figuras? ¿Cuáles son los estados del yo?

LOS ESTADOS DEL YO

Antes de seguir, ten en cuenta que todos los estados del yo son necesarios, y entenderlos te ayuda a comprenderte y a poder trabajar sobre ti. La idea es que se trabajen para equilibrarse. No hay estados buenos ni malos, simplemente salen, y en función del momento habrá que trabajarlos o no. A medida que leas, trata de explorar las siguientes cuestiones: ¿cuál te resuena más? ¿Con cuál te identificas más? ¿Con cuál menos? ¿Cuál crees que es más grande? ¿Cuál más pequeño? Te animo a que, según vayas leyendo, explores en ti e intentes identificar tu funcionamiento.

El estado del yo padre/madre

Son las conductas que copiamos y aprendemos de las figuras parentales (padres, madres, profesores, figuras de autoridad...). Cuando sale tu figura del yo padre, actuarás de forma similar a estas. Hacen referencia al modo de ver la vida, las normas, los valores, la ética, el pensamiento... No cuestionas; simplemente piensas así, actúas así; es lo que te parece «normal».

M. James y D. Jongeward cuentan una metáfora que, de manera divertida, explica el estado del yo padre. Este ejemplo me encanta; siempre lo pongo en sesión y quiero comentártelo para que puedas reflexionar:

> Una recién casada sirvió jamón cocido al horno y su marido le preguntó por qué le había cortado los dos extremos. Ella le contestó: «Pues porque mi madre siempre lo hizo así».
>
> Cuando la suegra los visitó, él le preguntó por qué cortaba los dos extremos del jamón. Ella contestó: «Porque así lo hacía mi madre».
>
> Y, cuando la abuela los visitó, él le preguntó a ella también por qué cortaba los dos extremos del jamón, y ella contestó: «Porque esa era la única manera de que me cupiera en la cazuela».

En la infancia instauras conductas, pensamientos y gestiones sin cuestionarlas. Simplemente lo haces, como en el ejemplo del jamón. De hecho, te animo a reflexionar si te ha venido a la cabeza algo que hagas sin cuestionar si está bien o mal, algo que hagas sin más. Si te genera bienestar, no hay nada que se active para cambiarlo. Sin embargo, si choca con lo que eres, con tus valores, creencias e ideas, quizá sea hora de trabajarlo.

Por ejemplo, seguramente una persona vegana o que no coma carne no se cuestionaba, cuando era pequeña, si eso estaba bien o mal. Pero, a medida que crecía, conformaba sus propias ideas y valores, y le generaba malestar comer carne. Eligió dejar de hacerlo. Cuestionó lo que siempre había hecho para introducir un cambio que la hace sentir mejor.

Lo mismo ocurre con tu cuerpo: a veces no cuestionas tus actos hacia él o para él, si le haces daño, si lo maltratas...; simplemente actúas así. En ocasiones no sabes hacerlo de otro modo y no te lo cuestionas, porque es lo único que has vivido. La forma en la que te hablas, en la que te tratas, lo que has aprendido, si haces dieta o no, las creencias sobre el cuerpo, cómo lo miras y lo atiendes, también se entienden desde este aprendizaje. Comprender de dónde vienen y cambiarlas es vital para sanar.

De una manera u otra, la función del padre es proteger. Este estado se manifiesta de dos formas:

- **Padre crítico:** Pone las normas, los «deberías», prohíbe, ordena, controla.
- **Padre nutricio:** Da consuelo, ofrece apoyo, anima.

Ambos pueden darse hacia ti misma o hacia los demás, cuidarte a ti misma o al resto, con crítica y control hacia ti misma o hacia los demás. No son ni buenos ni malos, aunque a veces, cuando los explico en consulta, se asocia el padre nutricio a bueno y el crítico a malo. Ambos son necesarios e innecesarios, dependiendo de cómo salgan. Por ejemplo, si alguien hace comentarios sobre tu cuerpo, que salga el padre crítico está bien; será un padre crítico positivo que te ayudará a saber qué normas no pueden traspasar contigo. Sin embargo, si sale en situaciones que no tocan (por ejemplo, cuando estás bailando y divirtiéndote) y te dice que eso no pueden hacerlo las personas con ese cuerpo y que estás haciendo el ridículo, será un padre crítico negativo.

Lo mismo ocurre con el padre nutricio. Si sale para sobreprotegerte o que evadas tu responsabilidad, potenciando una persona inmadura y disfuncional, será un padre nutricio negativo. Si sale para acompañar emocionalmente y abrazar, será positivo.

El estado del yo adulto

Es un estado adecuado a la realidad, la solución de problemas, la probabilidad, etc. Su funcionamiento depende de qué sucede en ese momento, así como de la reflexión de la propia vida, que es razonada. Es un estado más lento y meditado, trabajado, ya que el padre y el niño son más rápidos, automatizados.

El estado del yo niño

Se trata de un estilo de los aprendizajes de la infancia, menos serio y más desenfadado. Hace alusión a la actuación, el pensamiento y la interpretación de cuando eras pequeña. Un ejemplo es cuando reconectas con algún juego de tu infancia y te metes en él, jugando como cuando eras una niña. A mí me pasa mucho cuando voy al parque de atracciones; disfruto como una niña montándome en todo, con la ilusión de probar las cosas nuevas. La ilusión del «¡Hala, yo quiero!», «¡Qué guay!», me invade y dejo salir a mi niña.

Pero también sale la niña cuando Carla se enfada con su tía, avisándola de que debe protegerse.

Niño natural: Funciona desde la naturalidad y espontaneidad de un niño no fusionado con la realidad. Cuando un niño nace y va creciendo, es natural y espontáneo, sin normas (de momento) que coarten su conducta y su hacer. Sale tu niña natural cuando, por ejemplo, vas a tus clases de baile y disfrutas dejándote llevar.

Niño adaptado: Adaptación al medio, el entorno y el resto. A medida que crece, a un niño real le influyen las normas y conceptos. Se adapta a ellos; por eso habrá:

- **Niño sumiso:** Acepta las normas sin más; es comedido, amable. Es el niño al que le das puré para comer, no le gusta, pero te dice: «No me gusta, pero vale, me lo como».
- **Niño rebelde:** Rechaza las normas, le gusten o no, solo porque son normas. Lleva la contraria. No es una respuesta espontánea y que le identifique con sus necesidades, sino adaptada al ambiente desde la rebeldía. «No me gusta (o sí), y no me da la gana comerlo».

Muchas veces la relación con la comida y el cuerpo se gestionan desde el niño sumiso o rebelde: los atracones o la restricción, el maltrato hacia el cuerpo, etc. Son la forma que tienes de rebelarte o de aceptar una realidad que no es la tuya.

Como explicaba con la figura del padre, todos los estados del niño son buenos y malos en función de si se respetan las necesidades y el equilibrio. Por ejemplo, si vas a un concierto de tu grupo favorito, se espera que salga el disfrute y la libertad del niño natural. Sin embargo, en una reunión de trabajo importante y protocolaria, no tendría sentido. Si estás en el colegio o en el trabajo habrá normas que debas aceptar desde el niño sumiso, pero después, en tu vida, podrás elegir con libertad desde el adulto. Si alguien se salta tus límites como persona, puede salir el niño rebelde para avisarte de que eso «no», y gestionarlo desde el adulto. Pero también puede salir en un grupo y que vayas en contra de los demás sin gestionarlo.

Comparto contigo una breve tabla por si te ayuda a conectar con las figuras:

YO PADRE/MADRE	YO NIÑO	YO ADULTO
· Conductas aprendidas · Ideales · Información sin análisis · Prejuicios · Opiniones · Costumbres · Convicción de poder · Seguridad · Normas · «Deberías»	· Emociones · Intuiciones · Creatividad · Biología · Impulsividad · Curiosidad · Sentimientos de indefensión · Desvalimiento e impotencia · Egocentrismo · Fantasía · Intuición · Capacidad de goce y manipulación · Pensamiento y creencias mágicos · Alegría, miedo, rabias y rabietas · Dolor y pena	· Juicios · Información analizada · Reflexión y decisiones reflexionadas, cálculo de posibilidades · Solución de problemas

Fuente: Ana Gimeno-Bayón, *Comprendiendo cómo somos*, 2008.

Como decía antes, todos los estados del yo son necesarios y deben salir equilibradamente cuando se necesiten. Por ejemplo: si vamos a una feria, lo «esperable» es que salga nuestro niño natural, que nos divirtamos, que nos dejemos llevar, que comamos algodón de azúcar…; no que salga nuestro padre crítico y nos diga: «Estás haciendo el ridículo», «No tienes edad para hacer eso». Sin embargo, si suena el despertador a las siete de la mañana, saldrá el padre crítico y nos dirá: «Tienes que ir a trabajar», en lugar del niño que lo apaga y se despierta a las once sin ir a su puesto de trabajo.

Pero ¿qué tiene que ver esto con la aceptación corporal?

Este modelo te ayuda a entender cómo funcionas con los otros, pero también contigo misma. Si comprendes tus heridas y tu forma de funcionar, es más fácil sanar.

¿Por qué empezaste a odiar tu cuerpo? ¿Por qué restringes y no te permites disfrutar de la comida? ¿Por qué haces comprobaciones constantes en el espejo? ¿Por qué te comparas asiduamente? ¿Quién te ha hecho sentir o pensar todo esto sobre ti? ¿Qué figura de los estados del yo prima en ti y de qué forma nace su funcionamiento? Cuestionarte, preguntarte e indagar en tus estados del yo te ayuda a aprender y trabajarte.

En ocasiones, los estados del yo salen de manera directamente relacionada contigo y tu imagen corporal; por ejemplo, cuando el padre crítico te dice cómo debe ser tu cuerpo: «Sé perfecta», «Pierde más peso», «No te cuides, adelgaza y punto». Otras, por el contrario, salen como recurso para afrontar lo que sucede. Por ejemplo: si en clase hacen burlas sobre ti y se meten contigo, y tú te las tragas, te ríes como siguiendo el rollo y no eres capaz de rebelarte contra esa situación, funcionando desde la niña sumisa, quizá cuando llegues a casa te des atracones o maltrates tu cuerpo como forma de regulación.

En la primera situación, darse cuenta de que sale el padre

crítico te ayudará a trabajar el escucharte, cuidarte y cuidar tu cuerpo genuinamente (como también verás en capítulos posteriores). En la segunda situación, escucharte y entenderte te hará aprender a marcar límites con los compañeros, actuando en consecuencia y por y para tu bienestar. No permitirles hacerte daño también conseguirá que no te lo hagas tú.

Detectar esto es esencial para ser consciente de ello y poder trabajarlo.

Te invito a reflexionar acerca de lo que eres, de lo que necesitas y de lo que deseas. Y quiero que lo hagas de forma autónoma, con iniciativa, empoderada hacia tu crecimiento y desarrollo personal. Pero también con cariño, sin juicio. Haces las cosas como sabes; no pasa nada.

Para ello, es importante que hable brevemente del guion de vida.

EL GUION DE VIDA

> Las personas nacen príncipes y princesas hasta que sus padres las convierten en ranas.
>
> ERIC BERNE

Los actores y actrices tienen un guion que seguir cuando actúan. Tu guion de vida hace referencia a tu papel en la vida: cómo actuarás, cómo funcionarás o te comportarás, qué pensarás, qué emociones podrás o no sentir, etc.

Este guion se conforma en la infancia y se sigue el resto de la vida, tomando decisiones inconscientes que lo perpetúan y se ciñen a ese guion. A mis pacientes siempre les digo: «Si no vinieras a terapia y supiera tu historia, sabría cómo seguirías actuando y qué seguiría pasando». Por ello, en terapia se trabaja para modificar ese guion y ofrecerte libertad para que vivas tu vida con deliberación, como tú quieras vivirla, y sabiendo escuchar tus necesidades y retos.

Este funcionamiento se va internalizando, porque se aprende de niña como forma de pertenecer y ser querida.

> Lorena es una chica joven que lleva toda su vida a dieta. Viene a consulta para mejorar la relación con la comida. Explorando, nos damos cuenta de que su madre también estuvo a dieta toda su vida. Y durante el tiempo que Lorena convivió con su abuela, esta también. Lorena ha crecido viendo cómo su madre nunca comía lo mismo que la familia; siempre se quejaba del cuerpo y no hacía deporte, pero se mataba a pasar hambre. Creció viéndola vestir con ropa que no le gustaba pero que ocultaba su cuerpo, oyéndola quejarse constantemente desde «Es lo que me ha tocado». Cuando la dieta iba bien, la madre estaba feliz. Cuando iba mal, se juzgaba y se enfadaba. Lorena, que no tiene un cuerpo normativo, creció con ese mensaje, mensaje que, hoy en día, replica.

Si Lorena no viniera a terapia, podríamos adivinar que habría seguido ese mismo aprendizaje y guion, intentando cambiar su cuerpo, juzgándose por fallar cuando no funcionara y en lucha interna por ser perfecta. Lorena seguiría cumpliendo el papel «que le había tocado» y que había aprendido, y seguramente, si tuviera hijas o hijos, estos también seguirían ese guion. Uno de los puntos que trabajamos en terapia fue tomar decisiones distintas de las que decía su guion: comenzó a practicar una actividad física que le encantaba (baile), aprendió a comer escuchando sus señales de hambre y de saciedad, trabajamos las distorsiones cognitivas que la «obligaban» a maltratar su cuerpo y a sentirse inferior, reforzamos su autoestima, aprendió a vestirse como le gustaba y a comprarse ropa que la hacía verse guapa, sin ocultar ni tapar su cuerpo, etc. Potenció su padre nutricio (cuidándose, trabajándose pensamientos y normas, tratándose con cariño) y dejó salir a su niña natural (divirtiéndose en baile y permitiéndose divertirse con su cuerpo). Ahora Lorena no sigue ese guion de vida; ahora escucha sus necesidades y actúa en consecuencia.

Tú puedes tener un guion de vida que te ordene ser «perfecta», que te diga que maltratar tu cuerpo es «lo que te ha tocado», que debes vivir así.

Por ello, te invito a hacerte las siguientes preguntas para ayudarte a reflexionar:

- ¿Qué tipo de persona aprendiste a ser?
- ¿Qué tipo de persona aprendiste a NO ser?
- ¿Qué te gustaría cambiar de tu vida?
- ¿Qué similitudes y diferencias encuentras entre tu yo de hoy y tu yo de niña?
- ¿Qué situaciones te hacen sentir vacío y malestar?
- ¿Qué cosas haces sabiendo que no van contigo, pero sigues haciéndolas?

EJERCICIO
Guion de vida

Parte 1: Imagínate que no cambias nada, que nada cambia, que todo sigue igual. Escribe y reflexiona cómo sería tu futuro. Permítete imaginar y explorar. ¿Cómo se ha decidido que seas?

Parte 2: Ahora imagina que trabajas por transformar tus creencias, indagar en tus necesidades, cambiar tus aprendizajes y romper tu guion, siendo tú quien elijas cómo vivir y no tu personaje creado. Escribe y reflexiona cómo sería tu futuro. Permítete imaginar y explorar. ¿Cómo decides ser?

Los capítulos anteriores te han ayudado a entender la autoestima y la imagen corporal, además de a conocerte mejor y comprenderte trabajando las heridas de la infancia y el apego, entendiendo tu manera de funcionar desde los estados del yo y el yo rechazado. Ahora damos paso al aprendizaje y el trabajo de los componentes que conforman tu imagen corporal: las distorsiones y los pensamientos deformados sobre ti, las creencias, las emociones y su gestión (como la culpa y el sentirte gorda), la manera que tienes de comportarte contigo y con el mundo… Trabajaremos el duelo por el cuerpo deseado para aceptar tu yo real, gestionaremos tu relación con la comida, aprenderás a marcar límites y encontrarás herramientas prácticas que te ayudarán a promover el cambio para conseguir sanar.

5

Los pensamientos deformados sobre mí

> El mundo que hemos creado es un proceso de nuestros pensamientos. No se puede cambiar sin cambiar nuestra forma de pensar.
>
> ALBERT EINSTEIN

Los pensamientos deformados son aquellos que nacen en tu mente de manera automática y te mandan un mensaje incorrecto. Este tipo de pensamientos son habituales y no debemos juzgarlos ni obsesionarnos con que desaparezcan, sino dejar que se disipen solos. No podemos dominarlos, pero sí cuestionarlos para que pierdan su fuerza. Tú no eres tus pensamientos. No eres las ideas intrusivas y automáticas que aparecen en tu mente, pero es normal que cuando surgen sientas malestar.

Ahora mismo, mientras lees, te voy a pedir que mires la habitación o el lugar en el que estás. Describe cada cosa que veas, lo que tengas a tu alrededor, con todo el detalle posible. ¿Para qué sirve cada cosa? ¿Qué utilidad tiene? ¿Cómo es? Si no te lo hubiera pedido, quizá no habrías reparado en todo lo que hay en ese espacio, aunque supieses que está. Tampoco te habrías cuestionado para qué sirve, ni si lo necesitas ahora mismo. No obstante, está ahí. Lo mismo ocurre con tu cabeza y tus pensamientos. Esa habitación donde estás es tu mente. Las cosas son tus pensamientos. Sin embargo, no siempre puedes vaciar la habitación para que se vea más despejada, porque algunas cosas te serán útiles en otro momento. Pero tampoco tienes que estar todo el tiempo nombrando cada objeto de la habitación. Cuando necesitas algo, entras y lo coges, sin más. Lo mismo ocurre con los pensamientos: déjalos donde están, sin prestarles atención para no fatigarte, y sabiendo que, si algún día los necesitas, estarán ahí.

Las señales que pueden hacerte ver que estás dejándote llevar por este tipo de pensamientos rumiativos e intrusivos son:

- Malestar y conflictos con las demás personas y con tu entorno.
- Emociones desagradables de manera intensa y recurrente.
- Malestar contigo misma.
- Sensación de preocupación excesiva.

Todos tenemos pensamientos de este tipo; son un signo de que estamos vivos. Sin embargo, eres responsable de trabajarlos para sentirte mejor contigo.

TIPOS DE DISTORSIONES COGNITIVAS

A continuación verás algunos ejemplos de estos pensamientos intrusivos, que en psicología conocemos como «distorsiones cognitivas», es decir, maneras incorrectas de interpretar la realidad:

TIPO	DEFINICIÓN	EJEMPLO
Filtraje	Atención selectiva a los detalles negativos de la vida (y de tu cuerpo).	«Me va bien en el trabajo y en la familia, pero yo solo puedo fijarme en que esta mañana me he pesado y he subido un kilo».
Pensamiento polarizado	Percepción desde la dicotomía y la polarización opuesta: o blanco o negro.	«O estoy muy delgada o entonces seré gorda».
Interpretación del pensamiento	Adivinas el pensamiento (y sentimiento) desde tu propia conclusión. Proyectas.	«Todo el mundo piensa que estoy gorda y siente asco».
Sobregeneralización	De un solo evento sacas la conclusión de que siempre será así.	«Siempre me veré mal, nunca me aceptaré».
Personalización	Personalizas lo que las demás personas dicen o hacen. Te haces las cosas tuyas. Esto anima a la comparación.	«Soy la única que no puede tener el cuerpo que quiere; el mundo va en mi contra».
Visión catastrófica	Miras hacia el mundo esperando el desastre. ¿Y si...?	«¿Y si todo va mal y nunca me acepto?».
Falacia de cambio	Los demás deben cambiar para que yo sea feliz; debo presionar y camelar para que suceda.	«No me gusta que seas así; no me siento bien. Si él cambia eso, yo podré hacerlo».
Falacia de justicia	Eres conocedora de la justicia, y nadie más. Dejas fuera tu responsabilidad. «Si me quisiera...», «Si me apreciase..., haría...».	«No es justo que siempre tenga que sufrir con mi cuerpo».

TIPO	DEFINICIÓN	EJEMPLO
Falacia de control	El control no depende de ti o depende por completo de ti. «Los demás me manejan; yo no puedo hacer nada». «Soy responsable de la felicidad y del sufrimiento de los demás».	«Solo podré sentirme bien si mi pareja deja de comportarse así».
Razonamiento emocional	«Si lo siento es que es así y solo así».	«Me siento gorda porque soy gorda».
Debería	Normas no escritas que debéis seguir tú y los demás.	«Debería... Tengo que estar más delgada».
Etiquetas globales	Generalizar cualidades de un juicio global negativo y de forma exagerada.	«Todas las personas delgadas son malas».
Tener razón	El punto de vista propio es el verdadero; no hay alternativa posible.	«Sé que llevo razón pensando que me discriminan por mi cuerpo; no voy a cambiar».
Culpabilidad	Si yo sufro, tú eres culpable. Si otra persona sufre, yo soy culpable.	«Es culpa mía que ella esté pasándolo mal. No puedo hacer nada para ayudarla».
Falacia de la recompensa divina	Pensar que el sacrificio lleva a una recompensa divina. Cuando esta no llega, pueden aparecer hostilidad y resentimiento.	«El día de mañana tendré mi recompensa por todo lo que he sufrido».

Para poder trabajar estos pensamientos, tienes que sacar su parte racional. La idea es que no campen a sus anchas por tu mente haciéndote sufrir, sino que estén ahí y aparezcan, pero no molesten.

Debes conseguir que los pensamientos dejen de hacer ruido y, para ello, debes trabajarlos. ¿Cómo? Intentando generar un autodiálogo racional y dándoles la vuelta. Para ello, te propongo el modelo ABCD; puedes utilizarlo tanto con la tabla de pensamientos anterior como cuando leas la docena sucia, más adelante. Este modelo explica la triangulación que te comentaba anteriormente: lo que sucede afecta a cómo me siento, cómo pienso y cómo actúo, y así sucesivamente.

A: Representa la situación.
B: Hace referencia a las creencias y pensamientos.
C: Es la emoción que surge a consecuencia de lo anterior.
D: Alude al trabajo de reestructuración para cambiar el círculo vicioso.

Por ejemplo:

A: El viernes que viene es la fiesta de graduación del instituto. Me siento insegura y no dejo de comprobar cómo se ve mi cuerpo con la ropa que tengo.
B: Me van a comparar con mis compañeras y amigas. Yo seré la que tiene peor cuerpo. Nadie querrá estar conmigo.
C: Me siento triste, preocupada, rumiativa; no quiero ir a esa fiesta.
D: Merezco ir a mi fiesta de graduación. En realidad, me hace mucha ilusión esa celebración con mis compañeros y mis amigas. Mi cuerpo es válido como es y me permitirá disfrutar y bailar. Tendré la oportunidad de conocer gente nueva que me elija por cómo soy. Ser atractiva no solo está en el físico. Que yo no me vea así no quiere decir que los demás no me vean así.

Hay que reestructurar la realidad referente a información antigua, a creencias que no son ciertas; destacar las característisticas positivas y darles valor; confrontar la realidad; preguntarte: «¿Qué es lo peor que puede pasar?» para ayudarte a relativizar; ofrecerte el pensamiento contrario; pensar qué dirían tus amigas si fueran tú... Es decir, ayudarte a trabajar el pensamiento inicial que te genera malestar y actuar en consecuencia. Instaurar este cambio requiere trabajo, constancia y repetición. Paciencia. Al igual que no aprendiste ese funcionamiento de la noche a la mañana, tampoco te exijas prisa para desaprenderlo.

Además de trabajar los pensamientos, es importante sanar las heridas y abrazarte, tal como leerás y aprenderás a lo largo del libro.

LA DOCENA SUCIA

De entre los pensamientos deformados o distorsiones cognitivas que pueden darse, podemos destacar aquellos interrelacionados con la conexión con una misma, el cuerpo y la comida.

Recuerda: cómo piensas afecta a cómo te sientes y cómo actúas. Y es un círculo vicioso.

Teniendo todo esto en cuenta, voy a explicarte, tal como me gusta hacer con las personas a las que acompaño en consulta, estos errores cognitivos relacionados con la imagen corporal desde lo que se llama la «docena sucia».*

Quiero que te pares un segundo y te mires a ti misma. ¿Te imaginas no verte como eres? ¿Te imaginas que tu mente estuviera engañándote? ¿Te imaginas que en realidad estuvieras mirándote desde unas gafas con el cristal distorsionado? ¿Qué ocurriría? ¿Cómo te verías?

Voy a exponerte los doce tipos de gafas con cristal distorsionado a los que el autor denominó la «docena sucia». De esta forma podrás entenderlos y entenderte para trabajarlos y aprender a cambiar.

La bella o la bestia

Hace referencia a un pensamiento de dicotomía: las cosas son blancas o negras, bellas o feas. Se infiere que si no eres una cosa eres la otra. Si no eres bella, entonces eres fea. No hay escala de grises. O estás gorda o estás delgada.

Cuando la mente solo te da una opción de lo que es posible, es como si las demás opciones no existieran, pero esto no es correcto.

Tienes que trabajar para encontrar el resto de las opciones dentro de la escala.

Carla es una chica de mediana edad que no tiene un cuerpo normativo; es alta y grande. En todas las sesiones se recuerda (y me

---

* Término acuñado por Thomas Cash en 1987. Explico la docena sucia desde la síntesis de Villalobos y Del Valle en «Trastornos de la imagen corporal en alteraciones del comportamiento alimentario».

recuerda) que está gorda y que se siente muy mal e incomprendida por su grupo de amigas y conocidas. Siempre se compara con ellas. Según Carla, ella es la única gorda; sus amigas son todas superdelgadas. En su cabeza siempre establece la dicotomía «todas mis amigas son delgadas» y «yo soy la gorda», como si esa clasificación fuera correcta y, además, representativa de toda la sociedad. Así pues, un día le hice traer una foto suya con su grupo de amigas. A esa foto le sumamos personas de su entorno elegidas al azar para tener a más gente en el ejercicio. Juntas las analizamos una por una, y se demostró que todo el grupo componía una escala diversa y que, naturalmente, las personas no se dividían en gordas y delgadas, sino que había muchas diferencias corporales y todas eran igual de válidas. Independientemente de en qué lugar se encontrara ella, nos ayudó a sacarla del foco de que estaban todas en el mismo lugar y ella en el polo contrario. Ella jamás había hecho esta comparación. En su cognición, eran todas «en contra de» ella.

EJERCICIO
La bella o la bestia

Para trabajar la dicotomía de «La bella o la bestia», en consulta usamos la escala del 1 al 100. Consiste en pensar qué situarías en el 1 y qué situarías en el 100.

Te animo a ponerlo en práctica conmigo ahora mismo. Trata de pensar en una imagen corporal que colocarías en el 1 y una imagen que colocarías en el 100. Ahora piensa en ti, en tu imagen corporal, dentro de ese «gorda-delgada», y sitúate en la escala del 1 al 100.

¿Verdad que tu imagen no es el 100? Si lo fuera, no pasaría absolutamente nada, y tendríamos que trabajar creencias y heridas que nos hacen creer que sí (pero eso lo dejamos para otras partes del libro). Es muy útil y necesario trabajar este tipo de distorsión. ¿En qué número te has colocado ahora? ¿Verdad que existen más posiciones dentro de la escala? Ya has dejado de ser el 100.

El ideal irreal

Hace referencia a la distorsión que se produce cuando se establece una comparación con figuras ideales que no son reales. Esto se relaciona con el modelo de belleza ideal preestablecido en nuestra sociedad. Es lo que antes, en la tabla, hemos llamado «Deberías». «Debería ser así de alta, así de delgada, parecerme a X persona para valer...». Si solo te ves comparándote con ese ideal irreal, siempre te verás desde el juicio y no te aceptarás. En comparación con esa figura, no serás perfecta y, por tanto, no valdrás.

Esto ha ocurrido siempre: antes, con las revistas de famosos que se compraban en los quioscos o los programas de televisión de salsa rosa; ahora, con las redes sociales. Nuestra sociedad está llena de irreales que debes saber localizar para no usarlos como comparación ni como meta. No puedes elegir qué comparten las personas, pero sí qué te resulta sano consumir.

El problema del ideal irreal es que no te permite abrazar y aceptar quién eres ahora, ni darte valor por el mero hecho de ser. Solo te permite odiarte y compararte porque no llegas a esa imagen que tendría que darse, lo que genera una insatisfacción eterna.

Párate un momento a conectar contigo, a aceptarte como eres, como estás, sin tratar de modificarte constantemente.

> Berta es una chica de constitución delgada. Sin embargo, cuando era pequeña estaba gorda y sufrió algunas circunstancias que la hicieron ser quien es hoy consigo misma. Se comparaba con las ni-

ñas del cole y se sentía muy mal con su físico. Todo comenzó cuando en el médico no cuadraba con el percentil. Ahí empezaron las comparaciones, la búsqueda del ideal irreal y los «deberías». Hoy en día se compara constantemente con lo que debería ser o llegar a ser. Nunca se ve lo bastante «perfecta» (entrecomillado porque ya sabemos que la perfección no existe); nunca está lo bastante delgada o guapa, porque tiene muy claro ese ideal de belleza que quiere alcanzar. El problema de Berta es que no se da cuenta de que, intentando llegar a ese ideal inexistente, se está perdiendo a sí misma por el camino. No se da cuenta de que lo realmente valioso es ella, con su esencia, tal como es genuinamente.

EJERCICIO
El ideal irreal

Lo primero que vas a hacer es trabajar la aceptación de aquello que no te gusta. Lo aceptarás para dejar de luchar contra ello.

Steven Hayes, creador de la terapia de aceptación y compromiso (ACT por sus siglas en inglés), propone, en su libro *Una mente liberada*, un ejercicio en el que suelo basarme y que voy a trasladarte ahora. Quiero que practiques conmigo en este momento, que conectes con la calma y tomes un par de respiraciones profundas antes de continuar. En este ejercicio, quiero que imagines despierta lo que leas.

Pero, antes de seguir leyendo, trata de localizar aquello que no te gusta de ti y que no quieres aprender a aceptar.

- Quiero que imagines eso que no te gusta de ti, que le des forma, color. Imagínate cómo es, qué figura representa para ti.
- Coge esa figura imaginada y sostenla de manera muy delicada. Imagínate que la coges como cogerías una florecita frágil del campo (con delicadeza).

- Abraza esa figura de la misma forma como abrazarías a tu mascota si estuviera gimiendo, o a una criatura si llorara (con cariño).
- Coloca a tu figura al lado y siéntate con ella, como si te sentaras al lado de alguien con un problema o una enfermedad grave (con compasión).
- Imagínate una escultura, un edificio o un cuadro que te evoque una belleza radiante y que te parezca increíble. Mira tu figura como mirarías esa obra de arte (con asombro).
- Coloca tu figura al lado y trata de escucharla como escucharías a una amiga o a un familiar al que quieres mucho; hónrala del mismo modo como lo harías con ellos (con admiración).
- Inspira fuerte, conectando con tu figura desde la compasión y el no juicio.
- Abandona la lucha que tienes con ella y acéptala. Imagínate dejando atrás tu lucha interna con ella.

No tiene que empezar a gustarte; solo debes dejar de luchar contra ti misma. Date la oportunidad de aceptarte.

La comparación injusta

Tal como dice el nombre, consiste en compararte con aquellas personas que son como a ti te gustaría ser o que tienen las características que a ti te gustaría tener. Y, como buena comparación, nunca se da de forma descendente, sino solo en aquellos casos en los que te hace sentir mal: «Esas chicas son mucho más delgadas que yo», «Mi prima tiene muchas menos caderas que yo».

Carla, la chica del ejemplo de «La bella o la bestia», también usaba mucho la comparación injusta. Experta en compararse con las amigas, era capaz de sacar un millón de comparaciones con las características o rasgos que le gustaría tener, pero se olvidaba de recordarse que tenía otras muchas que eran geniales y que sus amigas siempre le halagaban. Así pues, en sesión hicimos una lista de aquellas características ajenas que le gustaban más que las propias. Sin embargo, también hicimos una lista de lo que —con mucho esfuerzo, tengo que decir— le gustaba más de sí misma que de sus amigas. Así desviamos su atención de la mera perfección comparativa y nos quedamos con la realidad real —valga la redundancia— que a ella le acompañaba.

No está mal que las demás personas tengan características que te gustan; lo que está mal es que eso sea un desencadenante para compararte, juzgarte, machacarte y hacerte sentir mal a ti misma.

EJERCICIO
La comparación injusta

Elige una persona con la que tiendas a compararte. Si es una persona cercana, mejor, ya que tendremos más información de ella.

Rellena la tabla con una lista de características desde las gafas de «la comparación injusta», es decir, desde las comparaciones ascendentes, desde lo que te gusta más de ella que de ti.

Rellena la otra columna, pero de forma descendente, con aquellas características buenas que puedas sacar de ti. No se busca que te sientas bien por compararte con otras personas, sino aceptándote como eres, pero de este modo descentralizaremos el foco que pones en esas características elegidas. No te centres solo en las características físicas; las psicológicas también son importantísimas.

COMPARACIONES ASCENDENTES COMPARACIÓN INJUSTA	COMPARACIONES DESCENDENTES COMPARACIÓN JUSTA
–	–
–	–
–	–
–	–
–	–

La lupa

¿Qué ocurre cuando observas algo con una lupa? Que ves los detalles enormes, de forma superclara. Esta distorsión consiste en ampliar el foco y percibir de manera exagerada y con gran magnitud ciertas características físicas de ti misma, de tal modo que se da una sobredimensión de la realidad. Por ejemplo: «Mis caderas son gigantes» o «Mis piernas son excesivamente grandes».

Cuando observamos con una lupa, es imposible fijarnos en los detalles que quedan fuera del círculo del cristal, ¿verdad? Pues ocurre lo mismo aquí. Si solo te centras en mirar con lupa lo que no te gusta, dejas fuera y olvidas rasgos tuyos que pueden ser muy valiosos y maravillosos.

> Candela vino a terapia por motivos que no tenían nada que ver con su físico. Sin embargo, a medida que trabajábamos, fue saliendo alguno que otro, y lo tuvimos en cuenta en el abordaje. Candela era una chica atractiva, de ojos negros y grandes, y pestañas increíbles. Tenía unos rasgos preciosos, pero no dejaba de

colocar la lupa en su nariz, de tal forma que, cuando se miraba, solo veía nariz. La lupa no le dejaba ver el resto de los rasgos de su cara, tan solo la nariz, y, además, ampliada por el efecto de ese cristal.

En terapia trabajamos el descentralizar la lupa de su nariz. Fuimos subiendo por toda la cara hacia el resto de sus rasgos: los ojos, las pestañas, las cejas, la piel, el pelo, los labios, las mejillas, las pecas, las orejas, el cuello... Miramos con esa lupa rasgo por rasgo, nombrando rigurosamente todo lo bonito que Candela veía de ella. La nariz siguió siendo la misma, pero el resto de los rasgos cobraron importancia. Su cara comenzó a tener muchos más rasgos que aquellos en los que ella se centraba.

EJERCICIO
La lupa

A lo largo de tu día, seguramente se producen situaciones en las que pones la lupa en ciertos rasgos. Esto suele darse, sobre todo, cuando nos miramos al espejo. Así pues, te lanzo el reto de que, cada vez que te surja un pensamiento de lupa, en el que te hables mal, juzgues lo que ves, etc., te permitas lanzarte un piropo y regalarte algo que te gusta o realices alguna acción agradable para reparar el daño que te has infligido con ese insulto o juicio.

Por ejemplo: te miras al espejo y te fijas en el pelo feo y encrespado que tienes hoy. No desde la característica descriptiva, sino desde el odio y el juicio. Dirígete un halago («Hoy estás radiante porque has descansado genial») y regálate un desayuno con tus tostadas favoritas.

Como ves, es un ejercicio que requiere tu atención y tu compromiso para halagarte y regalarte esa reparación del daño.

La mente ciega

Es justo lo contrario de la distorsión anterior, de la lupa. En este caso, en lugar de focalizarte en los aspectos que no te gustan, haces caso omiso de los favorables. No eres capaz de percibir rasgos que otras personas percibirían como positivos de tu imagen corporal, o de darles importancia.

> Macarena es una chica que vino a sesión para trabajar la autoestima y la autopercepción. Es alta, castaña, de piel clara y con pequitas. Al principio no era capaz de ver nada positivo de sí misma, o al menos de darle importancia. Un día, al comenzar la sesión, me fijé en sus pecas y le dije: «¡Guau, Macarena! Qué preciosas te quedan las pecas, estás guapísima». ¿Sabes qué me contestó? Algo así como: «No mientas, seguro que no te parecen tan bonitas. Siempre me lo dice todo el mundo y no me creo nada».
>
> Macarena tenía una distorsión cognitiva de mente ciega. Halagos que recibía, halagos que rechazaba, porque no era capaz de verlos.

Si te sientes identificada con Macarena y esto te suena, te animo a hacer el ejercicio que comparto contigo a continuación.

EJERCICIO
La mente ciega

- Respira hondo para conectar contigo; toma un par de respiraciones con calma.
- Después, coge papel y boli, y escribe una lista de los halagos que suelas recibir del exterior. Lo que queremos es interiorizar lo que ven los otros y tú no ves de ti.

- Cuando tengas la lista, léela y valora aquellos que te rechinan más y aquellos que menos. Ordénalos de menos a más, es decir, pon los que sientas más tuyos antes que los que no.
- Después repásalos uno a uno. Lee con calma cada halago, conecta con él, imagínatelo con los ojos cerrados y hazlo tuyo con una respiración profunda.
- Tras esta conexión profunda, piensa una manera de cuidar esa parte que has elegido y ponla en práctica.
- Puedes hacerlo en diferentes días si está bien para ti; no hace falta que hagas la lista seguida.

HALAGO	CUIDADO
«Me dicen que tengo un pelo precioso».	«Tengo una mascarilla que me regalaron; voy a ponérmela para hidratarlo».

Mala interpretación de la mente

Consiste en trasladar cómo te interpretas a cómo te interpretan los demás. Si tú te ves de X manera, los demás también te verán de esa misma manera. Es como si pudieras interpretar y adivinar qué están pensando las otras personas sobre tu aspecto. «Seguro que están pensando que tengo muchas caderas», «Seguro que no encuentro pareja porque los chicos de la discoteca piensan que soy gorda».

Esta vez voy a ponerte un ejemplo de una situación que viví hace poco. Estaba en una boda y, por delante de mí, pasó una persona que se quedó mirándome. Vi cómo me miraba de arriba abajo y pensé: «Ay, seguro que no le gusta mi vestido o cómo me queda» (qué decir de cómo es la mente de juguetona a veces. No lo juzgues, recógelo y trabájalo en ese momento). No hice mucho caso a mi pensamiento; como ya sabes, son automáticos y no podemos elegir cuándo vienen o van, pero lo abracé y no dejé que me molestara más. Un ratito después, esa chica se acercó a mí y me dijo: «Vas increíble y espectacular; el vestido es precioso». Mi adivinación había sido errónea. Sin yo quererlo, se me había escapado una mala interpretación de la mente. Y ahora, mientras escribía este apartado para ti, sonriendo he pensado: tengo que plasmar esto que me pasó. Porque pasa más de lo que creemos, y no es un problema; el problema es cuando te lo crees y te quedas en esa interpretación.

No siempre podrás confirmar que se trata de una mala interpretación. En mi caso, la chica podría no haberse acercado y nadie me habría ayudado a quitarme esa interpretación de la cabeza. De hecho, lo importante no es que confirmes o no el pensamiento, sino que trabajes en no entrar en un bucle de obsesiones y comprobaciones que no sería positivo para ti. La idea es que, cuando ocurra, te abraces, le quites peso y no lo hagas tuyo, sino que lo dejes ahí hasta que desaparezca o pierda intensidad. Cuando te lo crees y le das vueltas es cuando se instaura con más fuerza.

EJERCICIO
Mala interpretación de la mente

Para trabajar esta distorsión, te animo a interiorizar varios autodiálogos para decírtelos cuando ocurra:

- «No soy el centro del mundo». Sé que puede sonar impactante, pero, a menudo, cuando tienes una mala percepción de tu imagen corporal o de tu imagen en general, crees que el resto de las personas también se van a fijar o la van a tener. En realidad, en la mayoría de los casos las personas no se fijarán únicamente en ti. Por eso es una distorsión, no una realidad.
- «Me tengo a mí». No necesitas que los demás corroboren nada; te tienes a ti.
- «Soy valiosa independientemente de mi físico». Tu valía no está en tu cuerpo; está en ti, en ser única, en todo lo demás que hace que seas increíble.
- «Lo que ocurra en mi mente es de mi mente, no es de nadie más». Esto te ayuda a separarte de la fusión de creer que todo el mundo va a pensar igual que tú.

La fealdad radiante

Consiste en expandir la parte que no te gusta de ti al resto de las partes de tu cuerpo. Es como si se contagiara ese malestar al resto del cuerpo. Por ejemplo: «Qué ojeras tengo hoy, y qué papada; madre mía, me ha salido un grano nuevo, tengo la piel superapagada...».

Es normal que haya algo que no te guste de ti. Tan normal como habitual. No se trata de que te veas siempre perfecta; eso sería muy raro y te deshumanizaría por completo en un halo de perfección.

Un ejercicio que siempre hago en consulta y que me encanta es:

EJERCICIO
La fealdad radiante

Quiero que pienses en tu madre o tu padre, tu abuela o tu abuelo; alguien de tu familia a quien quieras y que sea importante para ti. Ahora esfuérzate en buscar un defecto físico de él o ella. Puede ser algo que veas tú o algo que vea él o ella y que repita constantemente.

Por ejemplo: si tu abuela siempre insiste en las arrugas que tiene, ¿es eso lo primero que piensas al verla? Seguramente no, aun sabiendo que ella lo repite siempre. Incluso viendo cómo es su cara, seguramente no otorgues una connotación negativa a sus arrugas.

¿Y por qué? ¿Por qué, aun teniendo arrugas, no piensas en ella con asco, rabia, enfado o rechazo? Porque tú la miras genuinamente, con ojos de cariño y compasión. Porque la ves como la figura que es: tu abuela (o abuelo, o mamá, o papá...). No la ves como una montón de arrugas.

No cambias su físico para aceptarla; la aceptas de forma genuina, incondicional, sin más. Tal como es.

Esto debe ocurrir contigo. Debes aprender a mirarte de esta manera, como la figura que eres; no como si solo fueras aquellas partes que no te gustan.

El juego de la culpa

El juego de la culpa consiste en atribuir cualquier suceso a algún defecto físico que te otorgues o veas de ti. Es decir, crees que la apariencia física es la culpable de algún acontecimiento negativo, sin que tenga sustento alguno esa afirmación. Para esta distorsión voy a ponerte dos ejemplos que me pasaron en consulta y que pude trabajar.

Carolina trabaja en una gran empresa; tiene un cargo muy importante y su vida se centra prácticamente en sostener el área laboral. Desde pequeña le han enseñado que el valor del trabajo es muy importante y que está por encima de casi todo. Su meta es ir ascendiendo y conseguir ser una de las grandes responsables, por lo que suele entrar en procesos selectivos con ese fin. Carolina está muy frustrada porque en cada puesto que solicita obtiene una negativa. Viene muy frustrada a terapia porque dice que es culpa de su físico y que siempre recibe un «no» porque está gorda y tiene barriga y los brazos gordos. Ella cree firmemente en esta asociación, por lo que quise explorar un poquito más para ver qué ocurría. Cuando me explicó el organigrama de la empresa para la que trabaja y vimos juntas las posibilidades que había, nos dimos cuenta de que en su área de trabajo no había posibilidad de seguir ascendiendo, porque había tocado techo. Así pues, si quería seguir creciendo en ese sentido, tendría que cambiar de departamento y formarse, para ello, internamente en la empresa. Carolina se percató de que había sacado una inferencia arbitraria y de que no era correcto atribuir los hechos a su cuerpo. Aunque le costó aceptarlo, tomó las riendas de la situación y, en lugar de intentar cambiar su cuerpo, cambió su perspectiva laboral.

Inés viene muy preocupada esta semana a terapia porque dice que, por culpa de haber engordado en estos últimos meses, sus amigas han dejado de quererla y ya no cuentan con ella. Está destrozada, y ha comenzado a hacer dieta y a generar mucho odio con comentarios hirientes sobre su cuerpo. Dice que si adelgaza sus amigas volverán a quererla. Yo no podía quedarme con esta información así, porque cuadraba mucho con «el juego de la culpa», así que juntas indagamos qué podía estar pasando. Inés se ha mudado a otra ciudad hace poco, y el ajetreo de organizar todo, de buscar trabajo y demás había hecho que dejara pasar el tiempo y que no contestara a sus amigas por WhatsApp, no cogiera llamadas y no se interesara por ellas. Literalmente, Inés se había

> *alejado. Con la creación de su nueva vida, casi sin darse cuenta, habían pasado las semanas y ella había estado ausente. No solo no llamaba a sus amigas, sino que cuando ellas lo hacían, ella no cogía el teléfono o no devolvía la llamada. Se dio cuenta de que no estaba cuidando sus relaciones y de que era normal que, al volver, no contaran tanto con ella. Si llevaba semanas ilocalizable, no avisaba cuando volvía a la ciudad de siempre y no cuidaba los vínculos, era normal que la amistad se transformara. Así pues, juntas redirigimos la energía de maltratar su cuerpo y de hacer dieta en hacer cosas que de verdad solucionaran el problema: llamar a sus amistades, cuidarlas y quedar con ellas.*

Como ves, para trabajar esto es muy importante que seas consciente de que a veces el cuerpo es «lo fácil» a la hora de gestionar situaciones y evitar otras que nos generan más incomodidad y malestar o incluso desconocemos.

Te animo a explorar si te ocurre esto en alguna situación y a hacerte preguntas para investigar y desmitificar.

Al cuerpo le atribuimos más peso del que genuinamente tiene, y debes trabajar para liberarlo.

Predecir desgracias

Como indica el propio título, esta distorsión consiste en predecir desgracias, en este caso echando la culpa al cuerpo. ¿Y qué pasa cuando creemos firmemente una asociación? Que al final, de una manera u otra, termina pasando, como una profecía autocumplida: cuando se predice algo y se cree de forma firme, y se emite esa predicción, se condiciona tanto el funcionamiento que al final termina dándose.

Por ejemplo, pensar «No me irá bien la prueba de baile porque soy fea y no me cogerán por eso» hace que vayas predispuesta a que pase (aquí entramos ya en la parte de visualización y motivación), independientemente de lo bien que sepas bailar. Puede que, al ir bajo esa presión, te bloquees, te quedes en blanco, estés más rígida... Además, si la predicción se cumple y no te cogen en la prueba de baile, aunque no haya sido por eso, será una situación muy potente para confirmar tu idea, lo que supondrá que creas aún más en ella y salga con más potencia.

Te propongo un ejercicio para trabajar esta distorsión.

EJERCICIO
Predecir desgracias

- **Trata de centrarte en el presente** y no en adivinar lo que supuestamente va a ocurrir («Estoy en la prueba de baile, en los ensayos, etc.»).
- **Recuérdate lo que sí depende de ti.** («He entrenado mucho para esta prueba, estoy preparada para ella, mi cuerpo es útil y hábil, etc.»).
- **Date valor.** Cuando dejas tu mérito en un rasgo físico, dejas de valorarte como mereces. («Valgo para bailar independientemente de cómo sea». Y esto no significa que seas o no seas fea, sino que da igual cómo seas; supone la aceptación incondicional de tu físico).
- **Responsabilízate.** Pregúntate si puedes hacer algo para mejorar, qué es lo que depende de ti, qué apoyos tienes... («Voy a ensayar todos los días; mi entrenadora confía en mí porque ve mi progreso cada día; ese día debo ponerme las zapatillas más cómodas que tenga e irme a dormir temprano, etc.»).

La belleza limitadora

Consiste en creer que la imagen te limita para ciertas cosas. Es decir, por culpa de tu apariencia no puedes hacer o lograr ciertas cosas, de tal forma que te limita.

Por ejemplo, en consulta suelo encontrarme muchas afirmaciones o reglas acerca de la ropa, como «No me voy a poner falda hasta que no se me adelgacen las piernas, porque hasta entonces no me quedará bien». Si vives de esta manera, desde estas normas limitadoras, no solo no llegarás al objetivo, sino que no conseguirás disfrutar de tu vida. E incluso, si llegas al objetivo y adelgazas, no sé si realmente estarás satisfecha y sentirás bienestar. No se trata de obligarte a vestirte como no te sientas cómoda, sino a que la norma no sea cambiar tu cuerpo. La comodidad es una forma de cuidado, pero detrás no hay reglas ni creencias de odio, sino todo lo contrario. No es lo mismo decir: «No me voy a poner falda, que vamos a ir al parque y, al agacharme, resulta incómoda» (autocuidado y realismo), que decir: «No me pongo falda hasta que no se me adelgace el culo» (odio e inferencia).

Otra sentencia que suele salir en sesión es la de viajar o exponer el cuerpo en la playa: «Hasta que no adelgace no voy a ir a la playa». ¿Y qué ocurre si no adelgazas nunca? ¿Y qué ocurre si tu cuerpo es así para siempre? No solo te maltratas al pensar que tu cuerpo no es válido y es feo, sino que te castigas obligándote a quedarte en casa en lugar de ir a disfrutar de la playa. ¿Crees que te mereces eso? Igual hay que empezar a aceptarlo, en lugar de maltratarlo, ¿no?

Con el siguiente ejercicio veremos cómo podemos trabajar esto cuando sucede.

EJERCICIO
La belleza limitadora

- **Trata de conectar contigo y con tu esencia;** párate a respirar, a relajarte, desde una visión de no juicio. Así está bien, acéptate, valídate.
- **Céntrate en el momento presente para validar lo importante.** Estoy de vacaciones con mi familia, estoy muy a gusto con ellos, todo va bien. Me merezco ir a la playa y disfrutar.
- **¿Qué es lo peor que puede pasar?** Esta pregunta me gusta mucho porque ayuda a recolocar las piezas del puzle. En la gran mayoría de las situaciones, en el 99,99 por ciento, no pasa absolutamente nada. De hecho, pasa menos si lo haces que si no. Si no vas a la playa y te quedas en casa, estarás perdiendo un día de calidad, de felicidad, de complicidad y de cariño con tus amigos, un día que te nutre y que guardarás en el recuerdo. Si vas, realmente no pasará nada. Abraza esos fantasmas, deja que los pensamientos fluyan libres, date la mano y ve.
- **¿Qué quiero realmente para mí?** Imagina que tu mejor amiga, tu prima, tu madre o alguien importante para ti está en esa misma situación. ¿Qué le dirías? ¿Qué querrías para ella? ¿Le exigirías encerrarse para que nadie la viera? Estoy segura de que no... ¿Por qué lo haces contigo?
- **Relativiza y réstale la importancia y el peso que le has otorgado.** Cuando surgen ese tipo de creencias y acciones limitantes, detrás suele haber situaciones difíciles con el cuerpo y contigo misma, heridas y vivencias que hay que sanar, como has podido comprender en el capítulo sobre heridas y traumas de la infancia. Pero, más allá de trabajar y sanar, hay que aprender a quitarle a tu físico el peso y la carga que le has otorgado, como si él fuera el culpable. Le has exigido tanto, que fuera tan perfecto siempre... Quizá ha llegado el momento de soltar ese lastre y, simplemente, dejar que haga libremente.

Pensar «me siento fea»

Se toma el pensamiento como una verdad absoluta. «Como me siento fea, entonces lo soy». Esta distorsión consiste en sentir que los pensamientos representan la realidad, en lugar de cuestionar si son reales. Además, crees que esos pensamientos no son solo tuyos, sino también de los demás. El problema de esta distorsión es que no te miras con objetividad, sino haciendo una interpretación irreal. Que tú pienses una cosa no quiere decir que sea real; es importante aprender a no fusionarse con los pensamientos.

Acuérdate del ejemplo que te ponía con anterioridad, el de la habitación y los objetos que hay en ella. Los objetos simplemente están ahí, como están los pensamientos; hay que aprender a dejarlos ahí sin fusionarse con ellos. Debes aprender a mirarlos desde la lejanía para no hacerlos tuyos. Muchos de esos pensamientos están conformados por creencias e informaciones que ni siquiera te pertenecen. «Pensar» y «sentir» no son sinónimos.

Más adelante, en el capítulo 7, sobre las emociones, podrás trabajar con mayor profundidad este apartado.

Úrsula es una chica que vino a terapia porque quería trabajar en ella, potenciar su desarrollo personal. A medida que fuimos explorando aspectos, trabajando cositas que iban sucediendo, me di cuenta de que, cada vez que se enfadaba o había discutido con la pareja, venía a sesión repitiendo que se sentía fea. Lo cierto es que al principio no lo asocié, pero con el tiempo, y al ir conociéndonos, empezó a chirriarme. De hecho, ni siquiera eran enfados fuertes, sino pequeños roces de la convivencia, solo que a ella le generaban mucho malestar; no sabía cómo abordarlos ni gestionarlos, y terminaba traspasando esas emociones a su imagen física. Así pues, estar frustrada era sentirse fea. Estar enfadada era sentirse fea. Estar triste era sentirse fea. En terapia descubrimos de dónde venía este malestar, encontramos la herida y conectó con sus estados del yo. El simple hecho de saber de dónde venía y por qué actuaba así la ayudó mucho a mejorar.

Reflejo de mal humor

Se justifica el mal humor, y otras emociones desagradables, con la percepción corporal, dejando de lado los motivos reales que puedan ser protagonistas.

En el ejercicio «Cómo te sientes, cómo te ves», esto se plasma de una manera muy clara. Lo encontrarás en la página 171, en el capítulo sobre las emociones y la satisfacción corporal.

Esta distorsión es muy común en las personas menstruantes, por su oscilación hormonal. Según el momento del ciclo, puedes verte mejor o peor, y seguramente en ti no haya cambiado nada.

Te voy a dejar otro ejercicio relacionado que puede ayudarte a trabajar esta distorsión.

EJERCICIO
Reflejo de mal humor

Haz una lista de las emociones que sientes hoy y trata de unirlas con cómo te ves. Puedes usar la rueda emocional de la página 169 para darles nombre. Al lado puedes puntuar del 1 al 5 cómo te ves. Contesta qué puede estar ocurriendo.

EMOCIÓN	¿CÓMO TE SIENTES? 1 Nada bien 5 Muy bien	¿QUÉ PUEDE ESTAR PASANDO?
Cansancio, tristeza y miedo.	«Me veo mal; no me gusta nada de mí hoy». Un 1.	«Tuve un problema en el trabajo, trabajé demasiadas horas y perdí todo lo que había hecho. Ahora estoy asustada por lo que puede pasar. Eso hace que focalice en todo lo que no me gusta de mí y me mire con malos ojos».

Las distorsiones cognitivas, ahora que las conoces y has podido trabajarlas, suelen estar unidas a aprendizajes e ideas que vas creando sobre ti, los demás y el mundo. Estas ideas y aprendizajes son las creencias. Al pensar «Jamás encontraré pareja con esta nariz», no solo se está dando una distorsión cognitiva, sino que de base hay una creencia limitante que hace que nazca esa idea tan firme. En el capítulo siguiente podrás entender y trabajar las creencias, que tan unidas están a los pensamientos, la emoción y la conducta. Además, como también verás más adelante, su formación y el peso que suponen para ti también están vinculados a las heridas emocionales.

6

Tu sistema de creencias: creencias limitantes

> No vemos las cosas como son, sino como somos nosotros.
>
> IMMANUEL KANT

Las creencias son las ideas que tienes del mundo, de ti misma y del futuro. Cuando surgen, forman un pensamiento acerca de algo o alguien; generan suposiciones y prejuicios que determinan la forma en la que sientes, piensas o actúas, y tienen un impacto en tu toma de decisiones y tus actitudes. Es decir, tus creencias te llevan a actuar de un modo determinado.

Estas creencias se construyen de manera consciente o inconsciente, formal o informalmente, a través de la interacción con los demás y el entorno. A medida que creces e interactúas con el mundo y las personas, instauras y configuras aprendizajes. Absorbes información que se va quedando en ti.

Lo que te decían cuando eras pequeña, lo que oías «de fondo» cuando los adultos pensaban que no escuchabas, lo que interpretabas de sus gestos o conductas se guarda en tu memoria emocional y genera creencias. «Tú no vales para esto», «Qué mal se te da dibujar», «Es que su hermano es superinteligente; ella hace lo que puede», «Eres muy vaga», «Es una niña muy buena; sabe cómo hacerme feliz», «No molestes a los mayores», etc. Que una creencia esté en tu repertorio y en tu sistema se debe a que aprendiste esa información, te funcionó y se validó en el pasado. Pero algo que funcionó en su día no tiene por qué ser adaptativo hoy, y probablemente es hora de trabajarlo.

Ahora bien, las creencias no pueden clasificarse como buenas o malas (al menos las más habituales), sino como limitantes o potenciadoras. En función de si tienes unas u otras, actuarás de una forma determinada, tomarás ciertas decisiones, y pensarás y sentirás de un modo u otro.

Por cierto, tener creencias es normal, no te juzgues por ello, simplemente deberás trabajar aquellas que sean limitantes para ti. Las que limitan o no van contigo se trabajan, pero sin juzgarlas, entendiéndolas y cuestionándolas desde tus necesidades.

> *Estela es una mujer en la treintena que acude a consulta para trabajar la aceptación corporal y la autoestima, a la vez que su relación con la comida. Además, en alguna sesión me comunicó que le generaba malestar no tener pareja. Como era un tema secundario, siempre expresaba que no quería, que estaba bien así, que no lo necesitaba, etc. A medida que fuimos trabajando y explorando, me di cuenta de que tenía una creencia limitante que la invadía por completo, debida a una situación que había vivido cuando era más joven: intentó encontrar pareja en una app de citas y el chico no la trató bien y solo quería una relación esporádica en lugar de conocerla para tener algo más. A partir de ahí, Estela nunca conseguía conocer a nadie en profundidad. No iba a las citas, o solo iba a la primera y dejaba de hablar con ellas.*
>
> *Estaba muy sometida a la creencia «Jamás conseguiré pareja porque estoy gorda» y «En las apps no consigues tener pareja estable, porque van a lo que van». Además, le resonaba mucho la frase que su abuela le decía de pequeña por estar gorda, «Así nadie te va a querer», y la de su madre cuando le dijo que se había*

abierto la app de citas: «Uy, eso de las apps no me gusta, no es de fiar; a saber quién hay ahí». Una situación que había vivido, sumada a la información que ya tenía guardada de sus vivencias anteriores, generó que Estela tuviera esa creencia y que se autosaboteara, lo que le dificultaba el proceso de encontrar pareja. Sin percatarse, generaba pensamientos que la hacían huir de la situación para no volver a quedar con esa persona, era más borde y seca que en su vida habitual, etc.

Es importante que te des cuenta de que tener creencias limitantes actúa directamente sobre tu autoestima, tu amor propio y tu autoconfianza, así que hay que reinterpretarlas para conseguir el bienestar.

Como muchas de estas creencias llevan contigo desde hace años, no juzgues si es complejo deshacerlas o dejar que formen parte de ti. Lo más importante es que las identifiques y lleves a cabo un trabajo personal que te ayude a encontrar tu bienestar.

Las creencias no tienen por qué deberse a una razón o lógica. De hecho, muchas veces, para alguien ajeno no la tendrán; sin embargo, para ti sí. La tienen, y mucha, tanto que te limitan.

Podemos clasificar las creencias en estos cuatro tipos:

- **Capacidad:** Referidas a las capacidades que crees tener. Se crean al interactuar con la realidad y ver qué haces, y si puedes o no hacerlo, además de con los mensajes que escuchas desde la infancia. «No soy capaz de…», «Soy capaz de…», «X persona es más capaz que tú», etc.
- **Identidad:** Hacen referencia a cómo te consideras a ti misma. Construyen tu imagen interna: personalidad, imagen, valores, actitudes, relaciones… También se

crean a través de las demás personas: lo que oímos y lo que nos dicen. Son creencias con las raíces muy firmes y arraigadas: «Yo soy...».
- **Merecimiento:** Hacen referencia a si te sientes o no merecedora, o te das derecho a hacer algo o experimentarlo. El merecimiento se relaciona con la moral: «Yo me merezco...», «No me lo merezco porque...».
- **Posibilidad:** Indican si algo es posible. «Es posible que ocurra...», «No es posible que...».

Algunas preguntas que pueden ayudarte a tomar conciencia sobre tus creencias y la forma de relacionarte con ellas: ¿qué quieres?, ¿qué es importante para ti?, ¿qué significa para ti?, ¿crees que puedes hacerlo?, ¿qué te está paralizando?, ¿cuál es la meta final de hacerlo?

Para ayudarte a identificar tus creencias y a reflexionar sobre ellas y sobre si son limitantes para ti, te dejo a continuación una lista de muchas de ellas. Te invito a leerla y a señalar cuáles te resuenan o crees que van contigo. ¿Con cuál te identificas?

LISTA DE CREENCIAS LIMITANTES*

1. No me merezco...
2. No puedo...
3. No tengo derecho a...
4. No valgo para...

* F. A. Coronado, «Top 100 creencias limitantes para transformar» [online], *Salud terapia*, 2018. Recuperado el 17 de octubre de 2023 del sitio web: https://www.saludterapia.com/articulos/a/2637-100-creencias-limitantes-para-transformar.html

5. Es imposible conseguir…
6. No soy capaz de…
7. Es imposible hacer…
8. No es correcto / No está bien…
9. No puedo confiar en nadie.
10. No puedo estar en paz y ser yo misma.
11. No puedo expresar lo que siento.
12. No puedo tener una relación de pareja estable.
13. No puedo hablar en público con seguridad.
14. No puedo conseguir el trabajo de mis sueños.
15. No puedo mejorar mi vida.
16. No puedo resolver esta situación.
17. No puedo tener el coche que quiero.
18. No puedo ganar mucho dinero al ser autónomo.
19. No puedo trabajar de lo que me gusta.
20. No puedo decir lo que yo quiero.
21. No puedo lograr las metas que me he fijado.
22. No puedo aprender inglés y hablarlo fluidamente.
23. No merezco vivir en armonía con la vida.
24. No merezco el amor de los demás.
25. No merezco estar en la vida con plenitud.
26. No merezco que me respeten en mis decisiones.
27. No tengo derecho a decir mi opinión.
28. No tengo derecho a una vida digna.
29. No valgo para estudiar.
30. No valgo para tener una relación de pareja duradera.
31. No valgo para la informática.

32. No valgo como madre.
33. Es imposible ganar mucho dinero y ser espiritual.
34. Es imposible encontrar un trabajo digno hoy en día.
35. Es imposible que encuentre una pareja que me sea fiel.
36. Es imposible conseguir grandes resultados sin matarse a trabajar.
37. Me resulta imposible parar de pensar y silenciar mi mente.
38. El dinero trae problemas.
39. Soy incapaz de llevarme bien con esta persona.
40. Soy incapaz de cambiar de opinión.
41. No soy capaz de ganar dinero más allá de mi trabajo.
42. No soy capaz de decir mi opinión en un grupo de personas.
43. No soy capaz de corregir mis errores y pedir disculpas sinceras.
44. Es difícil para mí aprender a conducir.
45. Es difícil ser feliz en la vida.
46. Es difícil encontrar a gente afín a mí.
47. Disfrutar del sexo no está bien.
48. No es correcto decir palabrotas.
49. No está bien pensar primero en uno mismo.
50. No está bien cometer errores.
51. Soy idiota.
52. El cliente siempre tiene la razón.
53. Generar economía cuesta muchísimo.
54. La gente tiene la cara muy dura y no tiene vergüenza.

55. Piensa mal y acertarás.
56. El dinero no es importante.
57. ¡Qué envidiosa es la gente!
58. Haga lo que haga, siempre me pasa igual.
59. Si digo mi opinión, los demás se enfadarán conmigo.
60. Si tienes éxito, la gente querrá aprovecharse de ti.
61. Si expreso mis emociones, los demás verán que soy vulnerable.
62. No es viable trabajar de lo que yo quiero y ganar cinco mil euros al mes.
63. La vida cuesta mucho esfuerzo.
64. Tener relaciones sinceras es prácticamente imposible hoy en día.
65. No creo en nada ni en nadie.
66. Ya estoy viejo para aprender lo que me gusta.
67. Tomar decisiones es un proceso angustioso para mí.
68. Si te gusta el sexo, los demás te verán como una viciosa.
69. No estoy dispuesto a cambiar.
70. Los hombres son todos iguales.
71. Todas las mujeres son manipuladoras.
72. Los hijos solo dan disgustos.
73. La culpa de todo lo que me pasa es de los demás.
74. Si los demás ven que eres inocente, querrán aprovecharse de ti.
75. No te puedes fiar de los políticos.
76. No puedo prescindir de esto (algo que te hace daño).
77. Vales lo que ganes.

78. No soy digno del amor de los demás.
79. No quiero destacar para que no me critiquen.
80. No puedo dirigir un equipo de trabajo de manera eficiente.
81. Las personas van al sol que más calienta.
82. Quien tiene mucho dinero es porque se ha aprovechado de los demás para conseguirlo.
83. En la vida se sufre mucho.
84. La gente no tiene ni idea de lo que habla.
85. Perder el tiempo es algo normal.
86. En esta vida tienes que tragar muchas injusticias.
87. Tengo que corresponder a la imagen que los demás tienen de mí para que me acepten.
88. Mi pareja tiene que complacerme si me quiere.
89. Mi pareja tiene que compartir lo que a mí me gusta.
90. No puedo elegir ser feliz.
91. Hay gente que tiene suerte y otra gente tiene solo desgracias.
92. A los ochenta años ya no puedes hacer nada nuevo.
93. La gente es muy falsa.
94. No se puede ser espiritual y no meditar.
95. Es incompatible tener mucho dinero y ser espiritual.
96. Tener confianza en uno mismo lleva a la arrogancia.
97. Todos los jefes se aprovechan de sus empleados.
98. Si gano mucho dinero, Hacienda se aprovechará de mí.
99. Los ilusos viven de ilusiones y mentiras.
100. No puedo bajar la guardia.

¿CÓMO TRABAJAR LAS CREENCIAS LIMITANTES?

> Sé que no me creerán, pero la forma más alta de excelencia humana es cuestionarse a uno mismo y a los demás.
>
> Sócrates

Identifica la creencia. Arriba te he dejado una lista larguísima para que puedas identificar aquellas que están presentes en tu día a día.

Pregúntate:
- ¿Para qué te ha servido?
- ¿De verdad te ha sido de utilidad?
- ¿Te ha funcionado?
- ¿De qué te protegía?

De dónde viene: Explora los mensajes de tu infancia, los mandatos, los mensajes inhibidores… para ver de dónde vienen.

- ¿Quién te dijo que eres así?
- ¿Quién te dijo que no eres así?
- ¿Dónde está escrito eso?
- ¿No eres o no quieres ser?
- ¿No puedes o no quieres?

Pregúntate:
- ¿Cómo quieres ver a tu yo del futuro si sigues con esa creencia?
- ¿Cómo te gustaría estar y sentirte en un corto plazo de tiempo?

- ¿Esa creencia te ayuda a lograr lo que quieres o te «desayuda»?

Reformula las creencias como verás en el ejercicio siguiente.

EJERCICIO
Rebatir creencias erróneas

El objetivo de este ejercicio es rebatir las creencias respecto al físico y la relación del peso con la valía personal. Quiero hacerte ver que el peso (tanto si estás gordo o gorda como si no) no es importante para aceptarte como eres, y ayudarte a averiguar, si no lo sabes ya, por qué el físico es tan importante para ti: si tuviste padres controladores con el peso, si sufriste insultos en el cole, si se debe a creencias como el triunfo como persona por el físico, a normas sociales...

Pregúntate:

- ¿Cómo me veo?
- ¿Qué es lo que no me gusta de mí?
- Desde mi punto de vista, ¿qué significa para mí estar gorda/o?
- ¿Por qué es tan malo estar gorda/o?
- ¿Cuál es la peor parte de estar gordo/a?

Después de contestar estas preguntas con sinceridad y apertura, trae a tu mente una persona a la que quieras, admires y aprecies (puede ser una amiga, un familiar...), y responde:

- Si en lugar de preguntar por ti habláramos de esa persona que has elegido, ¿dirías lo mismo?
- ¿Cómo crees que se sentiría?

Ahora imagina cómo serían las respuestas si habláramos de ella.

- ¿Cómo ves a esa persona?
- ¿Qué es lo que no te gusta de ella?
- Desde tu punto de vista, ¿qué significa para ti que esa persona esté gorda, o qué significaría que lo estuviera?
- ¿Por qué es tan malo que esté gorda, o por qué sería tan malo que lo estuviera?
- ¿Cuál es la peor parte de que esté gorda, o cuál sería la peor parte de que lo estuviera?

Lee las respuestas, compáralas y date cuenta de cómo cambian. ¿No te apetece empezar a hablarte y pensarte así? ¿No te apetece entrenar para comenzar a ser tu mejor amiga?

Ahora que ya has podido trabajar los pensamientos y las creencias, toca continuar con el componente emocional. Recuerda: como te contaba anteriormente, este componente también forma parte importante de la imagen corporal, y, además, es protagonista del triángulo «pensamiento-emoción-conducta». Según cómo pienso, así siento, así actúo. Las emociones y su gestión suponen una parte superinteresante y muy necesaria de tu trabajo personal.

7

Emociones y satisfacción corporal

La gestión emocional es fundamental para el trabajo de aceptación corporal, ya que, como hemos venido comentando, el cómo te sientes afecta al cómo te ves.

Pero ¿qué son las emociones? Son impulsos que te llevan a pasar a la acción. Son avisos y alertas que te hacen saber que está ocurriendo algo, ya sea bueno, neutro o malo. Te alertan de alguna necesidad, con el impulso de que actúes y te movilices según la situación y la emoción que salga. Aunque en alguna ocasión no te guste sentir cierta emoción, aunque algunas sean más agradables que otras, todas son adaptativas y necesarias. Debes aprender a transitarlas, gestionarlas y darles su espacio.

- **Emociones agradables:** Aquellas que te hacen sentir bienestar; no suelen molestar. Suelen ser más fáciles de gestionar.
- **Emociones desagradables:** Aquellas que producen malestar, molestan y muchas veces son evitadas o mal gestionadas con la intención de huir de ellas.

Las emociones se unen con los pensamientos y con tus vivencias, orientándote a la acción según tus deseos, necesidades y motivaciones. Te enseñan sobre ti y el mundo. Pero, para poder aprender de ellas y entenderlas, no hay que caparlas y juzgarlas, sino conocerlas y darles su espacio.

Además, las emociones han contribuido a nuestra supervivencia, a que hoy sigamos aquí. De hecho, actualmente muchas emociones se activan de forma «antigua» y tienes que aprender a entenderlas y reinterpretarlas. Esta gestión instintiva, desadaptativa, es la que en su día funcionó pero hoy ya no sirve. Por ejemplo, que hace millones de años apareciera un león, activase tu miedo y quisieras salir corriendo tiene sentido. Que, hoy, cada vez que evoques miedo, quieras salir corriendo y lo hagas deja de tenerlo. Sin embargo, si ves fuego en casa, igual salir corriendo es adaptativo.

En esta tabla aprenderás sobre las emociones básicas, de qué te avisan, cómo puede salir la gestión instintiva y automática, y cómo sería la gestión adaptativa:

Emoción	IRA/RABIA	TRISTEZA	MIEDO	ALEGRÍA
De qué nos avisa o qué la provoca	Daño o agresión	Una pérdida	Un peligro	La satisfacción
Gestión desadaptativa, premoral, instintiva, sin razonamiento consciente	Ganas de agredir	Aislamiento	Lucha Huida Paralización	Expansión
Gestión adaptativa	Agresión no dañina Parar la agresión Protegerte	Buscar consuelo Expresar: llorar	Evaluar el peligro y después protegerte, pedir ayuda, enfrentarte al peligro	Saltar Bailar Celebrar Compartirlo

La rueda emocional es un recurso que uso mucho en terapia para aprender a identificar las emociones y nombrarlas.

En el centro de la rueda podrás ver las emociones más básicas, y de cada una de ellas salen las demás. Aprender a dar nombre a la emoción, a cómo te sientes, es fundamental para entenderte y comprender tus acciones contigo misma, el resto y el mundo.

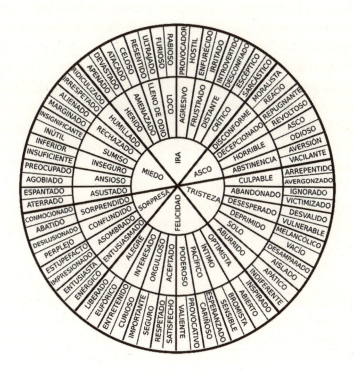

Las emociones están increíblemente unidas a la relación que tienes contigo, con la comida y con tu cuerpo, ya que las asociamos con el castigo y el premio. Aunque suene duro, cuando te sientes mal o ha ocurrido algo desagradable, si no hay una gestión adaptativa aprendida, puedes castigar al cuerpo y castigarte a ti dejando de comer, vomitando, autolesionándote, no descansando, no alimentándote bien… Esto puede ocurrir incluso cuando te sientes reforzada, ya lo verás más adelante: cuando hay una mala relación con el cuerpo, las emociones agradables también motivan a no cuidarlo. «Me siento bien adelgazando: lo maltrato sin comer». En este caso, sentirte bien tiene un sentido, pero hay que trabajar los pensamientos, creencias y heridas que están motivándote a encontrar el bienestar y conseguir tu «falsa aceptación» cambiando tu cuerpo y llevando a cabo conductas dañinas para él y para ti.

Las emociones son mucho más importantes de lo que crees, y mucho más complejas. De hecho, cuando gestionar las emociones se vuelve desconocido, usarás las herramientas que tienes o sabes usar, aunque muchas de ellas sean desadaptativas. La atención al cuerpo, el maltrato de este, querer cambiarlo, etc., puede ser parte de esa gestión desadaptativa. Saber identificar qué emociones surgen y cuál es su gestión no razonada es fundamental para cambiar ese recurso mal aprendido por uno más adaptativo y menos dañino para ti.

> *Laura es una chica de veintisiete años. Cuando era pequeña siempre recibía críticas e insultos por no tener un cuerpo normativo. Ella se sentía indefensa y reprimía sus emociones porque tenía la sensación de que lo que hiciese no serviría para nada. Por ello, comenzó a autolesionarse, a maltratar su cuerpo y a hacer dietas muy duras para intentar cambiarse. Hoy en día aún continúa con ese funcionamiento, pero no quiere seguir así.*

¿Qué le ocurre a Laura, viéndolo desde el ámbito emocional? Ha sufrido insultos, ante los cuales, y dentro de su indefensión aprendida, siente rabia e ira (entre otras emociones), y para gestionarlo, por un lado, ha aprendido a intentar cambiar su cuerpo y, por otro, a odiarlo y maltratarse porque no sea normativo. Lo culpa de las vivencias que ha tenido. Laura gestiona mal la rabia, agrediéndose a ella misma. Esta forma de gestionar no la hace sentir bien y, seguramente, no haya solucionado el problema, aunque sí la ha ayudado a «sobrevivir» como buenamente ha podido hasta el día de hoy. Laura lo ha hecho lo mejor que ha sabido.

Pero ¿cuál sería la gestión adaptativa teniendo en cuenta la tabla anterior?

Quizá Laura podría haber expresado esa rabia o ira de una forma no dañina para sí misma, protegiéndose, arropándose en su círculo cercano, pidiendo ayuda, marcando límites, etc., para no maltratarse, sino abrazarse y entenderse. Laura intentaba sobrevivir a un entorno enfermo, y eso no es culpa suya. Ella es válida y no tiene que cambiar. Lo que tiene que cambiar es el modo en que la sociedad juzga y ve el mundo.

Por supuesto, Laura no es culpable de la situación que ha vivido, no es culpable de que la sociedad castigue lo diferente, pero sí es responsable de su bienestar y de aprender a gestionar las emociones lo mejor que pueda, teniendo en cuenta sus circunstancias personales y su contexto.

Las emociones tienen tanto que ver contigo y tu manera de verte o sentirte que, según cómo te levantes por la mañana, así te verás.

Por ello, te lanzo un ejercicio que puede ayudarte a ver y evaluar este hecho.

EJERCICIO
Cómo te sientes, cómo te ves

Durante una semana, vas a anotar todos los días cómo te sientes al despertar. Puedes usar la rueda emocional para ayudarte a identificar las emociones.

Después de preguntarte cómo estás, mírate al espejo y pregúntate cómo te ves.

Cuando lleves siete o diez días, revisa tus anotaciones y saca tus conclusiones. ¿Qué días te ves mejor? ¿Qué días te ves peor? ¿Qué tiene que ver la emoción con cómo te ves? ¿Qué puedes sacar en conclusión?

Los días en los que te sientes mejor, te ves mejor. Los días en los que te sientes peor, te ves peor. Por ello, los cambios hormonales de las mujeres también están muy relacionados con el aspecto físico, no solo porque el cuerpo cambia durante el ciclo, sino también porque las hormonas desempeñan un papel fundamental en la interacción con los neurotransmisores y su acción sobre el cuerpo según la etapa del ciclo, como te explico a continuación.

EMOCIONES, CICLO MENSTRUAL E IMAGEN CORPORAL

En el ejercicio anterior anotabas tus emociones según el día; sin embargo, es importante tener en cuenta algo tan determinante como el ciclo menstrual. Cuando hagas el ejercicio también puedes anotar tu ciclo, ya que, según la etapa del ciclo menstrual en la que estés, puedes sentirte de una forma o de otra. Además, aunque parezca increíble, también cambia cómo te sientes contigo y con tu cuerpo. Así pues, voy a darte una pequeña pincelada sobre esta cuestión para ayudarte a entenderte.

Las hormonas (progesterona, estrógeno, etc.) y los neurotransmisores (serotonina, dopamina, etc.) están relacionados, y te hacen sentir distinta en cada momento del ciclo menstrual. Los cambios emocionales (y físicos) más conocidos son los premenstruales o menstruales, en los que hay mayor labilidad emocional, sensibilidad, irritabilidad, tristeza, enfado...

A continuación te dejo un breve resumen de cómo se relacionan las fases del ciclo contigo. Para ello me basaré en mi libro anterior *Mi ciclo menstrual. Una perspectiva integral: psicología y nutrición*:

FASE PREOVULATORIA
Te sientes más energética, más vigorosa, más viva, más divertida y con más ganas de hacer cosas.
Prima la parte más racional, tienes un buen control de impulsos, estás resolutiva.
Presentas menos labilidad emocional.
En esta etapa, la libido es menor a causa de las hormonas; el deseo* es menos instintivo, y depende más del pensamiento y la apetencia racional. Es decir, el deseo no nace de forma instintiva, sino que es una decisión más pensada y racional de la apetencia.
FASE DE OVULACIÓN
Te sientes más plena, enérgica, en bienestar; sientes que brillas.
También puedes estar más empática y receptiva.
Te notas más sensual y seductora, contigo misma y con el resto. De manera evolutiva, cuando había probabilidad de concebir y se buscaba la fecundidad, estas emociones ayudaban a ello.
El deseo es instintivo; tienes más ganas de tener relaciones.
FASE LÚTEA
Después de ovular y antes de menstruar, puedes sentirte más apagada, con menos vitalidad.
Tienes más sensibilidad.
Priman la emoción y la intuición.
Puedes sentirte menos resolutiva ante problemas cotidianos, y menos creativa y concentrada en tu trabajo.
La libido puede disminuir respecto al resto de las fases.

* Cuando hablo de deseo sexual me refiero al más innato y genuino, pero también al social y aprendido. Es decir, hay días que se despierta y otros que se crea la apetencia. El entorno o la compañía (contigo o con alguien) pueden potenciarlo y acompañarte a que se dé.

FASE MENSTRUAL
Alta intuición, baja la razón. Mayor sensibilidad y emocionalidad. Más introspección. Menos energía. El deseo sexual puede estar activo, no tanto por instinto natural como desde tu conexión, deseo y apetencia. Algunos síntomas que acompañan a esta etapa (hinchazón, acné, pelo graso, etc.) pueden hacerte sentir malestar; debes trabajar y potenciar una mirada de amor y cariño por el trabajo que hace tu cuerpo. Algunas personas comunican su preferencia al sexo consigo mismas antes que con otras.

Esto son pequeñas pinceladas generales; no se trata de una norma escrita que deba darse en todas las personas por igual. Ya sabes que cada persona es un mundo, y conocerse es el mayor regalo para entenderse.

En cuanto a la imagen corporal, en la fase ovulatoria y preovulatoria te verás y te sentirás mucho mejor contigo misma. En la fase menstrual y premenstrual, es probable que haya mayor sensación de malestar y mayor rumiación, acompañada de emociones desagradables. Además, la sintomatología de dolor o de hinchazón puede afectar a cómo te sientes y te ves. Abraza los cambios. Empatiza con tu cuerpo y su complejidad, valorándolo por el trabajo que desempeña y no solo por cómo es y la forma que tiene.

«ME SIENTO GORDA», «ME SIENTO FEA»

Seguro que te suenan estas frases, porque suelen usarse mucho. Vivimos en la cultura de la dieta y del ideal de belleza, en la que te hacen creer que, si no cumples los cánones, debes cambiar para sentirte parte de la sociedad. Por ello, puede que asocies cómo te ves físicamente a cómo te sientes. Te lo han hecho creer aunque no sea así. Has aprendido a fusionar la imagen con las emociones. Sin embargo, ¿es posible sentirse gorda? En realidad no. Objetivamente, «gordo» o «gorda» no son sentimientos; son adjetivos. Y, además, descriptivos, no valorativos. Es decir, describen cómo eres, sin juicio ni calificación. No valoran ni dicen nada de ti, igual que si calificamos un pelo de rubio o moreno, o unos ojos de azules o negros. Solo describen, nada más.

Pero entonces ¿qué significa «sentirse gorda»?

Si siempre has oído que estar gorda está mal, es normal que lo tengas asociado. De hecho, te animo a buscar en tu historia vital todas aquellas experiencias que te hayan hecho aprender que estar gorda estaba mal. Anótalas para después reflexionar.

Por ejemplo:

- Cuando te pusieron a dieta con X años, aprendiste que ese cuerpo no estaba bien.
- Cuando tu hermano podía comer lo que quisiera, pero tú no, aprendiste que ese cuerpo no estaba bien.
- Cuando en el cole te llamaban «foca», aprendiste que ese cuerpo no estaba bien.
- Cuando el médico le dijo a tu madre que estabas por encima del percentil, aprendiste que ese cuerpo no estaba bien.
- Cuando el profesor de educación física hacía comentarios sobre los cuerpos y el ejercicio, aprendiste que ese cuerpo no estaba bien.
- …

EJERCICIO
Vivencias que me hicieron creer que mi cuerpo estaba mal

Busca en tu historia vital todas aquellas experiencias que te hayan hecho aprender que estar gorda estaba mal. Anótalas para reflexionar.

_____

_____

_____

_____

_____

_____

¿Y esto siempre ha sido así?

El cuerpo ha sido un foco de atención en muchas épocas de la historia; sin embargo, no siempre fue así. Las suposiciones y afirmaciones en torno al cuerpo y lo que deberían pensar o hacer las mujeres acerca de la «belleza» son posteriores a 1830, cuando se consolidó el culto a la domesticidad y el índice de belleza. La identidad de la mujer pasó a regirse por la belleza en el hogar, y esta se volcó en la maternidad, el cuidado de la casa, etc., de tal forma que, cuando se alejaba de su rol de madre y ama de casa perfecta, esta cultura de hombres la censuraba.

Además, vivimos en una cultura gordofóbica, que rechaza la diversidad corporal, denigra a las personas gordas y las insulta y maltrata. Con el tiempo se ha asociado que estar gordo es tener algo malo, ser algo malo, tener que cambiarse, no valer... Si estás gorda, te sientes gorda, que es «algo que está mal» (las comillas son mías, porque no está mal), así que te odias, no te gustas y te rechazas. Porque te lo han enseñado.

La sociedad y la cultura amparan este pensamiento que denigra el cuerpo gordo que está fuera de la normatividad o la perfección, ya que en nuestra cultura se busca la perfección. Según la época, esa perfección se cortará por patrones distintos, pero se buscará.

Si en el mundo en el que vives se demonizan el cuerpo gordo, la grasa, las arrugas, los rasgos más duros y las características que se salen de las normas del ideal de belleza, irremediablemente tu cuerpo se convertirá en el lugar en el que enfocas todas tus emociones y tus sentimientos desagradables. De esta forma, asocias el «me siento gorda» a «me siento mal», «me siento enfadada, triste, etc.». Por ende, no importa cuál sea tu peso en la báscula, no importa qué parte tuya que no te gusta magnifiques, si proyectas y asocias las emociones desagradables, sin gestionarlas, con tu cuerpo, en lugar de tratarlas desde la separación. Porque tú puedes ser gorda o fea y estar triste, sin que eso signifique que te sientas gorda o fea. No es un sentimiento.

Odiar tu cuerpo hará que sientas insatisfacción continua hacia ti, que te vivas con miedo, comprobando constantemente tu cuerpo e intentando cambiarlo. Odiar tu cuerpo no hace que lo cuides; hace que lo rechaces. Cambiarlo no es autocuidado, porque no se cambia algo que amas o aceptas, sino algo que rechazas y odias. Recuerda: no es lo mismo cambiar los hábitos, que sí pueden ser saludables para ti, que cambiar tu cuerpo, porque eso puede tener una motivación dañina.

¿Cuánto tiempo has invertido en hacer dieta, en cambiar tu cuerpo, en odiarlo, en escanearlo, en pensar cómo cambiarlo...? Ahora dime: ¿cuánto tiempo has pensado en cuidarlo, en hacer actividades para ti, para sentirte bien, para cuidarte...?

Se ha asociado el cuerpo perfecto al éxito, de tal modo que, si no lo tienes, una de dos: o lo cambias para «ser» exitosa («ser» muy entrecomillado, porque no va de eso) o te presionas desde la perfección y la exigencia en otras áreas para que tu cuerpo pase desapercibido. Ambas opciones son destructivas para ti.

Cuando te hagan sentir que no vales o cometas algún fallo, un error…, sentirás esa inutilidad que también se asocia a «sentirse gorda». Así pues, el «me siento gorda» lleva anclada una asociación incorrecta a la tolerancia, al fallo, a la frustración, a las emociones desagradables, etc.

No obstante, saber de dónde viene es clave para comenzar a aceptarlo y trabajarlo. Viene de una cultura que, a pesar de componerse de cuerpos diversos, sigue apostando que el éxito es el cuerpo que persigue la belleza y roza lo perfecto, muchas veces enfermo, ligado a construcciones de feminidad, éxito y deseo, marcado por una sociedad antigua que no piensa en la mujer como nada más.

El cuerpo no existe para ser bonito; existe para cumplir la función de portarte. La idea de que sea siempre bello se la ha otorgado la sociedad.

Sentir que tu cuerpo es menos que, o más grande que, y, por tanto, menos deseado y válido es algo aprendido por ti en una sociedad que vive en nuestra contra, dentro de la cultura de la dieta y el odio a la diversidad corporal. Es cierto que trabajar, reprogramar y deconstruir lo aprendido, mientras estás en este contexto, es más difícil. Sin embargo, es posible. Y te animo a hacerlo desde la motivación por dejar de estar esclavizada por ese ideal, la presión y el malestar diario que conlleva.

«Me siento gorda» como insatisfacción corporal

La gran mayoría de las veces, cuando afirmas «Me siento gorda» se puede leer entre líneas «Me siento insatisfecha» o «Me siento incómoda». Debajo de sentirte gorda, como te decía, hay en realidad una emoción.

Cuando te sientes así, como el mensaje está deformado, la gestión es incorrecta: no se trabaja esa «emoción oculta», sino que se maneja desde el mensaje mal aprendido: «Cambia tu cuerpo». Así, ¿cómo no vas a crecer pensando que cambiando el cuerpo todo será mejor?

Ya hemos visto cómo conocer y trabajar los pensamientos para no relacionarlos de manera dolorosa con tu físico. Es muy importante pararse a indagar sobre ellos para que ese malestar y esa rumiación no se trasladen a una atención dañina a tu cuerpo, como cambiar los muslos grandes, pensar en la celulitis que tienes, querer cambiar ese rasgo de ti... Cuando no sabes gestionar los pensamientos y las emociones, «gestionas» lo que sí sabes y de lo que crees tener el control: tu cuerpo. Porque a gestionar emociones y abrazarlas no suelen enseñarte; ahora bien, a cambiar el cuerpo te enseñan casi desde que naces.

EJERCICIO
¿Cómo trabajo el «Me siento gorda»?

Toma conciencia del pensamiento, ya sea el «me siento gorda» tal cual o alguno que emita un juicio hacia ti.
Ejemplo: Identifica que estás sintiéndote gorda y fijando tu atención en tus defectos.

Identifícalo sin juicio ni odio. Acógelo sin más.
Ejemplo: Recoge cómo te sientes, sin juicio; vas a poner en práctica lo aprendido. «Me doy permiso también para sentirme así».

Identifica de dónde viene el pensamiento. Recuerda que es una mera expresión y el foco será otro, relacionado con situaciones, emociones o pensamientos reales.
Ejemplo: «He discutido con una amiga y siento mucha impotencia y tristeza».

Reestructura el pensamiento y rebátelo: Hazte preguntas hasta «dejar sin palabras» a la creencia. ¿Por qué es tan malo tener la barriga así? ¿Quién dice que eso esté mal? ¿Qué significa para ti? ¿Qué cambiaría en tu vida si tu barriga fuera distinta?...

Solución real al problema real: Ya hemos identificado el problema y la emoción real, así que vamos a buscar una solución.
Ejemplo: ¿Puedes hablar con tu amiga? ¿Qué puedes hacer para sentirte mejor en esta situación? ¿Quizá puedes sentarte a escribir para soltar? Etc.

CULPA POR NO SER NORMATIVA, CULPA POR NO CUMPLIR CON EL IDEAL DE BELLEZA

> No hay problema tan malo que un poco de culpa no pueda empeorar.
>
> BILL WATTERSON

La culpa es una de las emociones que más puedes sentir y más malestar pueden generarte. Es común que te sientas culpable porque tu cuerpo no es normativo o no consigues llegar a ese ideal de belleza, pero también por no ser perfecta o tan buena como «deberías», por no hacer lo que se espera de ti, por no ser tan complaciente, etc.

Recordemos que todas las emociones surgen para avisarte de que algo sucede. Cumplen su función. En el caso de la culpa, te alerta para que cuides tus límites y protejas tus valores y tu ética, sabiendo que lo que se hace tiene consecuencias. Es un poco el pepito grillo, la conciencia.

La emoción de culpa se crea desde la infancia, sobre todo mediante las figuras de autoridad (padre, madre, abuelos, docentes, etc.), y se configura a través de castigos simbólicos o físicos, orientándote a ser mejor (o peor) persona.

Cuando creces, interiorizas normas y conceptos que te marcarán las barreras que no debes traspasar. Cuando lo hagas, aparecerá este sentimiento para cumplir su trabajo: avisarte de que no es lo correcto desde un código ético, moral y de aprendizaje. Por ejemplo: si desde que eres pequeña te inculcan que robar está mal, que no es justo para la persona que tiene la tienda, que es un acto feo y egoísta que tendrá consecuencias severas, seguramente, si vas a una tienda y robas algo, saldrá la emoción de culpa.

Por tanto, sentir culpa es normal y, además, necesario para el aprendizaje. El problema llega cuando la culpa es negativa y no deja de salir, incluso cuando no tiene por qué; cuando genera mucho malestar, sin sentido aparente. En este caso, el problema no es que la emoción aparezca de forma incorrecta, sino que las creencias, valores y aprendizajes que hay en la base están mal construidos.

Recuerda que la culpa reacciona a las creencias y a la información o normas que tienes interiorizadas, así que hay que ir hasta ellas para reestructurarlas y que deje de aparecer esa culpa excesiva que te produce tanto malestar. Puede que esa información no esté bien aprendida o que haya quedado obsoleta. Igual te funcionó en su día, pero ya no te pertenece. Al final, como son normas que aprendes de las figuras de autoridad, muchas dejan de pertenecerte al crecer y conocerte, y tendrás que reestructurarlas para cambiarlas. Por ejemplo, si aprendiste que tener barriga estaba mal, o que comer más que tu hermano o novio (figura masculina) no estaba bien, etc.

CULPA = percepción de la situación y consecuencias

Raquel nunca se ponía vestidos ni faldas. Esto no había salido en sesión hasta que no exploré y trabajé con ella la autoestima, ya que venía a consulta por otro motivo. Al preguntarle, me explicó que había interiorizado tanto que no debía ponerse faldas ni vestidos que no se había vuelto a plantear hacerlo hasta que la invitaron a una boda y quiso ir con un vestido. Además, había visto uno precioso. Al principio no parecía que sintiera nada «raro». Sin embargo, cada vez que hablábamos de ello o lo pensaba, Raquel sentía culpa y mucho malestar. Sentía que ella no debía llevar eso. Exploramos creencias y valores, así como información adquirida de sus figuras de autoridad, y encontramos que sus padres, cuando era pequeña y adolescente, le decían que llevar faldas y vestidos la hacía más gorda, que parecía «una mesa camilla». Esto lo tenía grabado a fuego. Así pues, había interiorizado hasta tal pun-

to que no podía ponerse faldas que ni se lo cuestionaba. Pero esa boda le activó la herida. ¿Cómo iba a llevar un vestido si creía que al ponérselo incumpliría esa norma que la protegía para pertenecer al grupo y ser validada? La culpa salía desmesurada por la información obsoleta que no le pertenecía. En sesión trabajamos las heridas, las creencias, etc. Y, finalmente, acudió a la boda con un vestido y, aunque se sentía rara, fue feliz.

La culpa te alerta de valores y creencias que a veces no te pertenecen. Si no los trabajas, vivirás encerrada en una cárcel cumpliendo la condena de otra persona.

El problema de la culpa es que muchas veces genera tanto malestar que provoca conductas muy potentes de autocastigo o juicio que pueden llegar a ser muy peligrosas. Este sentimiento es tan doloroso para muchas personas que produce conductas autolesivas y muy dañinas, para castigarse o para compensar y equilibrar lo que sienten desde el aprendizaje de una mala gestión de la emoción. Se hacen daño porque quieren destruirse o porque es la única forma que saben de gestionar la situación y de autorregularse.

En este caso, es necesario sanar, y la culpa excesiva nos habrá alertado de ello.

EJERCICIO
Trabajar la culpa contigo

1. Identifica la situación en la que sale la emoción, la conducta y el mensaje.
2. Identifica la creencia que subyace y a quién le pertenece esa creencia, es decir, quién te la enseñó o dónde la aprendiste.

MENSAJE DE CULPA	CONDUCTA	CREENCIA O VALOR	¿A QUIÉN PERTENECE?
«No deberías haber comido tanto; mañana ya verás el peso».	«He comido lo que me ha puesto mi abuela y el postre».	«No debería comer tanto si quiero estar delgada. Nadie come tanto como yo».	«De pequeña, mi madre siempre me decía que parara de comer, que comía mucho, que ninguno de mis primos comía como yo».

3. Acepta con compasión y abrazándote ese mensaje. No eres peor por sentir.
4. Piensa que no necesitas ser perfecta ni autoexigirte. Está bien así.
5. Si es un sentimiento que avisa de forma adaptativa, exprésalo y busca maneras de gestionar la situación y pedir perdón si fuera necesario.
6. Si no es un sentimiento que avisa de forma adaptativa, que viene de información obsoleta o que no te pertenece, déjalo ir.
7. Cuídate o cuida a la persona relacionada (en el caso de que sea un aviso real).
8. Cambia la palabra «culpa» por «responsabilidad». No eres culpable, pero sí responsable.

9. Recuerda trabajar la culpa desde la empatía y la compasión, no desde el juicio.

Ahora que has podido trabajar tus pensamientos y tus emociones, tu forma de verte y de percibirte, toca comenzar a cambiar cómo te comportas contigo. Empezaremos por el trabajo de duelo, para que puedas comprender tus expectativas físicas, equilibrar tu yo ideal con el real y despedirte de tu cuerpo deseado para dejar apertura a tu cuerpo de verdad, el que siempre has rechazado y negado, el cuerpo que tanto te ha ayudado y acompañado en tus vivencias. ¿Te animas?

8

Duelo por el cuerpo deseado

El duelo hace referencia a la reacción psicológica ante una pérdida, una muerte, un abandono o una ausencia. Aunque es más conocido el que se produce tras un fallecimiento, no es necesario que este se dé para la elaboración del duelo. Perder a alguien o algo (aunque siga vivo), el abandono y el que alguien no esté cerca también forman parte de ese proceso, así como la pérdida de un rol o de ciertas expectativas (jubilarse, idealizar algo, perder el trabajo...). Algunas emociones que aparecen durante el duelo son el miedo, la culpa, la tristeza, la ansiedad, la rabia...

Aceptar que tu cuerpo es como es también significa asumir que quizá jamás será como lo habías imaginado e idealizado, que a lo mejor nunca cumplirá con las expectativas impuestas sobre él, al menos de la forma que pretendes. Eso supone elaborar un duelo para tomar conciencia de esa realidad y llegar a la aceptación real y plena, despidiéndote de ese cuerpo que habías idealizado.

Tu esquema corporal está íntimamente relacionado con tu identidad y tu yo. Por tanto, que no se dé la imagen que tenías idealizada hace que tu esquema mental cambie y, en consecuencia, tu identidad.

Trabajar el duelo requiere tiempo; cada persona tendrá el suyo. No te juzgues, sé compasiva contigo y date el tiempo que necesites; cada proceso es individual. Te ayudará mucho buscar apoyos, entenderte y abrazarte a ti misma, y acompañarte emocionalmente, transitando tu ritmo natural.

Cuando trabajas aceptar tu cuerpo y dejas de maltratarlo, el cuerpo puede cambiar y, con ello, puedes perder algunos factores que quizá te hayan sido beneficiosos: halagos, sensación de éxito, sensación de control, sensación de que te quieren y te admiran, mayor apertura y extraversión... Asumir esta pérdida también forma parte de este duelo. No solo dices adiós al cuerpo deseado, por el que llevas luchando tanto tiempo, sino también al cuerpo que fue y que ya no es.

Se trata de un proceso doloroso e incómodo, pero necesario para conseguir la satisfacción y el bienestar. Tiene varias fases, que se darán en tiempos y formas diferentes según la persona. El duelo es único y personal. Comienza con la negación, sigue con el enfado, la negociación y la depresión, y termina con la aceptación. Otra forma de verlo y trabajarlo sería desde estas cuatro fases: fase de embotamiento (shock inicial, ansiedad, incredulidad); fase de anhelo y búsqueda de la figura perdida; fase de desorganización y desesperación (sentimientos de desesperanza, apatía), y fase de un grado mayor o menor de reorganización (aceptación de la nueva situación, aceptación de ti en la nueva situación, contexto, nueva vida). Así pues, es normal que hayas vivido, o estés viviendo, un momento en el que niegues poder vivir en bienestar con tu cuerpo real sin cambiarlo, o incluso te enfade o te haga sentir malestar y tristeza tener que asumir esa idea. Sin embargo, pasar por estas emociones y fases te llevará a conseguir la aceptación real.

Para poder continuar con este proceso de aceptación y duelo, es necesario entender la relación que existe entre el yo ideal y el yo real, ya que la pérdida o el no poder alcanzar lo que esperas de ti (o del resto) es precisamente lo que genera este proceso de duelo para conseguir la aceptación.

YO IDEAL *VS.* YO REAL

El yo ideal representa la imagen a la que quieres llegar; suele ser una imagen irreal, disociada, estática y «perfecta».

El problema de que esta imagen se conforme y se cree en tu cabeza es que automáticamente querrás perseguirla: «Yo tendría que ser así». Y si es muy alta o está descompensada, puede generar frustración.

Hoy en día, con las redes sociales y el acceso a la perfección irreal y la idealización de las personas, es muy fácil conformarla. Además, también puede estar influenciada por la familia, el contexto social, el nivel socioeconómico, etc.

Recuerdo a una paciente que, al terminar su terapia, me dijo: «Si el tiempo que he perdido en querer ser perfecta y conseguir mi yo ideal lo hubiera invertido en terapia para aceptar mi yo real, sí que sería perfecta».

Cuando tu yo real está muy alejado de tu yo ideal, comienza a haber una percepción alterada de tu imagen y, por tanto, mayor rechazo hacia ti misma y mayor malestar.

YO REAL	YO IDEAL
• Cómo crees que eres realmente.	• Cómo te gustaría llegar a ser.
• Autopercepción: percepción personal.	• Lo que quieres ser para ti y para el resto.
• Características que crees que posees.	• Expectativas, aspiraciones y deseos.

El yo real y el cómo te ves o qué deseas pueden motivarte a marcarte metas y conseguir objetivos. Sin embargo, si la diferencia entre el real y el ideal es grande, irreal y no adaptada a ti, no será algo positivo y motivador, sino todo lo contrario: podrás sentirte desanimada, con tristeza, decepcionada, insatisfecha; tal vez aparezcan agitación y nerviosismo, o expectativas de castigo: autocrítica, amenaza, miedo.

Este ideal no solo está relacionado contigo misma, sino que también hace referencia a lo que esperas de los demás y lo que los demás esperan de ti, es decir, las expectativas no cumplidas.

En esta tabla te dejo un ejemplo de cómo puedes transformar y reestructurar este yo ideal para que sea una meta coherente y un reto, en lugar de una obligación frustrada a la que no puedas llegar jamás; un ideal adaptado a ti que pueda procurarte bienestar:

YO REAL	YO IDEAL	IDEAL ADAPTATIVO
Tiene michelines que no me gustan.	Tiene la tripa muy plana.	Aceptar el cuerpo.
No sabe relacionarse con la gente.	Es popular.	Mejorar las habilidades sociales y aceptar la introversión.
Siente que no tiene amigos.	Tiene muchos amigos.	Valorar las amistades y cuidarlas.
No sabe bailar.	Compite en baile y es la mejor.	Ir a clases y disfrutar.

EJERCICIO
Yo ideal *vs.* yo real

Tomando el ejemplo de la tabla anterior, trata de reflexionar sobre ti misma:

YO REAL	YO IDEAL	YO IDEAL ADAPTATIVO
–	–	–
–	–	–
–	–	–
–	–	–
–	–	–
–	–	–

AJUSTA LAS EXPECTATIVAS SOBRE TU CUERPO Y LO QUE DEBERÍA SER

En el apartado anterior del yo ideal y el yo real te explicaba cómo diferenciar entre lo que eres y lo que quieres llegar a ser, y el malestar que puede suponer si la distancia entre ambos estadios es desmesurada. Esa diferencia, precisamente, puede dar lugar a las expectativas entre lo que quieres, puedes y deseas, tanto respecto a ti y tu cuerpo como respecto a los demás.

Las expectativas son imágenes que se construyen sobre algo o alguien, acerca de lo que crees que debería ser. Puede que la educación, el ideal de belleza o la capacidad de soñar te generaran ideas de cómo ibas a ser, de cómo iba a ser tu cuerpo y de lo que esperabas de ti. Lo mismo ocurre con los demás hacia ti y viceversa. Y ahora puede ser una construcción lejos de la realidad.

Cuando esperas algo, otorgas una responsabilidad a la otra persona (o a ti misma) que no le pertenece. Liberarte (y liberarla) de ella es necesario para sanar y dirigir tu camino por otro lado. Cuando alguien espera algo de ti, ocurre lo mismo. Se entra en una espiral de falta de control, de perfección, de frustración, de malestar.

Las comparaciones son una de las herramientas que se usan para «conseguir» las expectativas deseadas, ya sea comparándote con los demás o con tu yo del pasado.

Cuando vives en función de lo que tu yo del pasado esperaba de ti, o los demás esperan de ti, vives una vida que no te corresponde, que no deseas, que no te llena, que te destruye. Te olvidas de ti y de lo que venías a hacer al mundo, te olvidas de tu presente, de tu ahora.

No eres tu padre. No eres tu abuela. No eres tu yo de trece años. No eres el cuerpo perfecto que habías deseado. No eres el cuerpo que tu familia deseaba para ti. Eres el hoy. Eres tú. Genuina.

Tuve una paciente que decía: «He hecho tanto lo que mi padre quería, me he maltratado tanto para que mi cuerpo fuera como él esperaba, he trabajado tanto para conseguir su sueño, que ahora no sé qué es lo que me pertenece». Para ella, maltratar su cuerpo y conseguir el ideal era cumplir las expectativas de su familia.

Dejar las expectativas de lado es importantísimo para sanar: dejar de vivir según lo que tu yo de antes quería para ti, ya fuera respecto a las vivencias o la forma física.

Además, cuando dejas de esperar o dejas de creer lo que otros esperan, dejas de «defraudar» y «defraudarte», porque cuando una expectativa no se cumple genera mucho dolor y malestar. Sin embargo, si no esperas nada de ella, no defrauda; no hay esa responsabilidad obligada.

Idealizar es generar una expectativa tan alta que, si no se alcanza, el golpe es muy doloroso.

*Vivir con expectativas es
ser esclava de lo que esperas,
en lugar de dueña de lo que eres.*

Por todo ello, es importante que aprendas a darte permiso:

- Date permiso para no llegar a la talla que tu yo de quince años deseó.
- Date permiso para no hacer lo que tu madre creía que harías en tu vida.
- Date permiso para no compararte con los demás.
- Date permiso para dejar de luchar contra ti.
- Date permiso para dejar de perseguir un ideal de belleza que no va de la mano con la salud mental.
- Date permiso para cambiar.
- Date permiso para fallar.
- Date permiso para vivir.

EJERCICIO
«Me doy permiso para...»

Piensa por un instante el permiso que quieras darte. No tengas prisa, tómate tu tiempo. Conecta contigo respirando. Piensa, reflexiona e imagina. «Me doy permiso para...». Anótalo como anclaje que te ayude a centrar el objetivo en ello.

_____

_____

_____

_____

El neuropsiquiatra Fritz Perls escribió estas palabras. Léelas y reflexiona qué suponen para ti y cómo te resuenan:

Yo soy yo.
Tú eres tú.
Yo no estoy en este mundo para cumplir tus expectativas.

*Tú no estás en este mundo para cumplir las mías.
Tú eres tú.
Yo soy yo.
Si en algún momento o en algún punto nos encontramos, será maravilloso.
Si no, no puede remediarse.
Carezco de amor por mí mismo
cuando en el intento de complacerte me traiciono.
Carezco de amor por ti
cuando intento que seas como yo quiero
en vez de aceptarte como eres en verdad.
Tú eres tú y yo soy yo.*

Las mayores mentiras no provienen de los demás de forma real, sino de lo que tú creías de algo. Cuando una expectativa choca con la realidad, el pensamiento que la conformaba es tan intenso que, si no se cumple, se vive como una mentira o traición, cuando en realidad no está bajo tu control.

De hecho, muchas de las expectativas que te has construido ni siquiera son tuyas ni forman parte de ti. «Quiero adelgazar más y ser como X»: ¿lo quieres tú o lo ha querido tu madre toda la vida? ¿Lo quieres tú o lo ha querido la sociedad? Cuestionarse es el inicio para derrotar las expectativas y dejarlas de lado encontrando tu propia satisfacción y autoconocimiento.

Aceptarte como eres en el presente te invita a abandonar la lucha de llegar a lo que no te pertenece y el miedo de aceptar tu ser genuino, aceptarte profundamente para liberarte de las presiones de quien no te aceptó, aceptar y aceptarte de manera incondicional, sin juicios, sin reglas, sin negociaciones. Debes aceptarte para quererte o aceptarte porque te quieres.

Te propongo que te centres en el aquí y ahora. En el presente.

¿Quién eres ahora?
¿Cómo te sientes ahora?
¿Qué quieres para ti ahora?
¿Qué cambiarías ahora?

Tu cuerpo no tiene que ser perfecto; tiene que ser real.

Ahora que has podido reflexionar sobre lo que deseabas ser, lo que eres y las expectativas que has tenido o tienes sobre ti, te invito a cerrar este trabajo conectando con tu proceso de duelo. Estás cada vez más cerca de la aceptación.

TRABAJA EL DUELO CON TU CUERPO

Voy a enfocarme en cómo abordar el duelo en cuanto al cuerpo físico, las expectativas y las idealizaciones. Para explicar el trabajo me basaré en los cinco pasos de Goulding y Goulding para la pérdida «real», pero los adaptaré para que puedas trabajarlos en relación con el cuerpo y la aceptación corporal. Como es un asunto delicado, nadie como tú para saber cómo te sientes. Si es demasiado para ti, marca la página para cuando estés preparada o coméntalo con tu psicóloga o psicólogo.

Debes practicar los cinco pasos en orden, y no necesariamente seguidos, así que léelos con calma, reflexiona y hazlos a tu ritmo. Tómate tu tiempo.

1. **Acepta los hechos realmente:** El primer paso es conectar con el cuerpo idealizado y su realidad. Haz un ejercicio de imaginación y trata de visualizarlo tal como es, sin negarlo. Si es tu cuerpo actual el que te niegas a abandonar, aunque te haga daño, ponte frente

a un espejo si esto te ayuda. Si es la imagen que no tienes, pero desearías, visualízala como te comentaba. Mientras lo imaginas, comienza a dialogar contigo, conectando y diciéndote a ti misma que es una imagen que no puedes tener o no es saludable para ti. Confronta, de este modo, la negación de tu propio cuerpo. Debes hacerlo de forma respetuosa. Deja salir tus emociones, valídalas y abrázalas. Escribe tu compromiso de aceptación en una libreta. Puedes empezar así: «Acepto que no quiero para mí esta imagen idealizada y no realista porque...».

2. **Expresa tus sentimientos pendientes:** Después del primer paso, debes imaginar ese cuerpo idealizado delante de ti, como algo externo a ti, y expresarle lo que sientes y lo que necesitas decirle: sentimientos agradables o desagradables hacia él, asuntos pendientes... Hazlo como si pudiera escucharte. Anótalo en una hoja como si fueras a escribirle una carta. Después, piensa cómo se puede sentir tu cuerpo al leer o escuchar esas palabras, qué te respondería a ellas, qué diálogo tendríais. También puedes escribir ese diálogo.

3. **Ceremonia del adiós:** El tercer paso consiste en despedirte psicológicamente del cuerpo idealizado. «Tú no me perteneces», «No eres para mí». Escríbele una carta expresándole cómo te sientes y lanzándole una despedida y un adiós. Es normal que aparezca el miedo; al fin y al cabo, ese ideal de cuerpo ha tenido significados de protección para ti. Es natural que salga la pena o la tristeza por no tener esa meta irreal, pero también es muy sanador y liberador quitarte esa presión de encima, ese lastre que has ido arrastrando tanto tiempo.

Puedes empezar así: «Querido cuerpo: Hoy te escribo porque, aunque una parte de mí tiene miedo, ha llegado la hora de decirte adiós...».

4. **Planifica y cierra el tiempo de luto:** Una vez que te has despedido, es hora de trabajar el paso 4 y planificar un periodo temporal en el que estarás en duelo, dejando salir las emociones y los sentimientos. En ese tiempo te permitirás sentir que una parte de ti no está; no juzgarás cómo te sientes ni las emociones que salgan. ¿Cuánto tiempo deseas estar de luto? ¿Hasta qué fecha te marcas?

5. **Ábrete al presente y recíbelo:** Por último, es momento de dar importancia al ahora y centrarte en tu presente. Dale la bienvenida a tu cuerpo real contigo, sin juicio. Muéstrate abierta a experimentar con él, a vivir con él, a sentirte bien con él, a devolverle su valor. Planifica actividades, cuídalo, mímalo. Vive tu vida con tu cuerpo, no en su contra. Escribe una carta de apertura hacia tu cuerpo real centrándote en el ahora y en proyecciones positivas y reales futuras.

Una vez trabajado el duelo por el cuerpo deseado, y dejadas atrás las expectativas acerca de lo que crees que te dará un cuerpo canónico, puedes comenzar a darte cuenta de cómo es tu relación con la comida y cambiarla para encontrar en ella, también, tu bienestar.

Algo que parece tan sencillo como comer se vuelve complejo y doloroso cuando la única meta que te pones es cambiar tu cuerpo y maltratarte. Sin embargo, ahora toca darle el enfoque que se merece: comprender tus señales de hambre y saciedad, dejar de pasar hambre y de sufrir, no usar más la comida para maltratar tu cuerpo y empezar a usarla para cuidarlo y cuidarte, salir del círculo vicioso del atracón y la restricción, cambiar el enfoque de lo que es el comer emocional, saber escucharte y entender qué tienen que ver las emociones con la comida, entre otras cuestiones.

Así pues, sin más dilación, te invito a acompañarme en el siguiente capítulo y a modificar aquello que quizá hasta ahora te había generado tanto malestar.

9
Aceptación corporal y relación con la comida

Cuando hay que trabajar autoestima, relación con el cuerpo y aceptación corporal, la relación con la comida también es importante, porque, en esta sociedad de la cultura de la dieta, prácticamente todo se relaciona con la pérdida de peso. Se crece con una información que hace que se dé al cuerpo un valor que no tiene, lo que desencadena que te relaciones de forma poco saludable con la comida y que la conviertas en tu herramienta para conseguir el ideal de belleza.

Además, la comida también es control, y el control ofrece sensación de seguridad, de modo que tu relación con ella tampoco será buena si se da desde ese objetivo.

Comer no es solo la herramienta para la pérdida de peso; también son recuerdos, emociones, placer, momentos, personas... La comida te une y te relaciona. Te conecta con tus sentidos. Es mucho más que una mera herramienta para cambiar el cuerpo o maltratarte; se vincula contigo y con tus emociones, por eso hay que aprender a entender el comer emocional y trabajarlo.

Te propongo contestar a estas preguntas, que he rescatado de mi anterior libro, *¿Por qué como si no tengo hambre?*, para comenzar a reflexionar:

- ¿Eres tú quien dirige lo que comes?
- ¿Qué es la comida para ti: una preocupación, una obsesión, algo indiferente...?
- ¿Sientes miedo de perder el control en situaciones o celebraciones en las que hay comida de por medio?
- ¿Eres una calculadora o tienes excesivo control en las comidas durante tu día a día?
- ¿Hay una lucha entre ciertos alimentos y tú?
- ¿Picoteas durante el día de manera casi inconsciente?
- ¿Tienes sensación de pérdida de control con algunas comidas?
- ¿Puedes parar de comer o la comida te domina?
- ¿La comida es la protagonista de tus pensamientos?

COMER EMOCIONAL

El hambre emocional se ha demonizado durante mucho tiempo, como si fuera lo contrario al hambre real y, por tanto, algo que evitar. Sin embargo, no es así. El hambre real y el hambre emocional son complementarias y válidas, además de que están presentes en todas las personas. Cada una tiene su función, y está bien que sea escuchada y satisfecha. Comer de forma emocional puede consistir en comer tu plato favorito, comer lo que te preparaba tu abuela, ir a cenar para celebrar algo o para reunir a tus amigos, tomar un chocolate en invierno mientras ves una peli, comerte unas palomitas en el cine, etc. Cuando haces todo eso no te preguntas si te ruge el estómago; lo haces porque es placentero y te hace sentir bien. Y eso también es importante. Comer emocionalmente es humanizar el acto de comer.

No obstante, comer emocionalmente no es lo mismo que no saber gestionar tus emociones y usar la comida para ello (por ejemplo, dándote un atracón cada vez que te enfadas). Tampoco significa que en tu día a día no tengas fuentes de placer y uses la comida como tu única fuente de placer (como no tienes placeres o no tienes hobbies ni llevas a cabo actividades que te gustan, como no contactas con amigas, amigos ni familia, ni tienes planes, etc., comes sin pensar ni conectar con tus sensaciones). Si esto sucede, hay que trabajarlo para mejorar tu relación contigo y con la comida. De hecho, te prometo que ahora mismo, mientras escribo este capítulo, me estoy comiendo una barrita de avellanas junto con un té matcha, con el único propósito del autocuidado. Escribir, comer rico y beber un té caliente es placer para mí. No lo hago para capar mis emociones ni evitarlas; no lo hago porque no tenga otros placeres en mi vida. Simplemente me lo permito y me permito disfrutar de ello.

Detrás del comer emocional hay un trabajo personal de **aceptación** (tuya y de tu placer), **responsabilidad** (saber elegir escuchando tus necesidades físicas y psicológicas), **autoconocimiento** (saber qué quieres), **escucha activa** (pararte a escucharte con calma), **empatía** y **autocompasión** (para hacerlo entendiéndote y sin juzgarte).

No puedes mejorar la relación con la comida odiando tu cuerpo, porque son dos armas que van de la mano. Y pueden ir juntas, en tu contra o a tu favor.

Cuando dejas de ver la comida como una herramienta para perder peso o cambiar tu cuerpo, así como para maltratarlo, comienzas a dar espacio al hambre emocional. Comienzas a darte permiso para escucharte, para satisfacer lo que necesitas, para no juzgarte, y para comer, cuidarte y disfrutar.

Cuando trabajas tu satisfacción corporal, mejora tu relación con la comida y viceversa, porque comienzas a preguntarte cómo cuidarte en lugar de cómo cambiarte. Y esta es la clave para dejar de tener una mala relación con la comida.

No puedes aceptar el comer emocional si hay control y prohibición, porque eso no te permitirá conectar contigo ni con tus sensaciones reales.

¿Sabes cuándo tienes hambre? ¿Y cuándo quieres parar? ¿Se te antojan alimentos? ¿Sabes cómo satisfacer esos antojos? Estas sensaciones y señales son superimportantes para conectar contigo, y te las explicaré a continuación.

Hambre *vs.* apetito; saciedad *vs.* satisfacción

Hambre: Comer para sobrevivir y nutrir el cuerpo. Es fisiológicamente necesaria para la supervivencia y el funcionamiento correcto del organismo. Comer sería aquí importante para saciar el hambre y cubrir las necesidades de macronutrientes (proteínas, grasas y carbohidratos) y micronutrientes (vitaminas y minerales) de tu cuerpo. Es la conocida sensación de que te ruge el estómago.

Apetito: Es el hambre que se relaciona con las emociones y el placer, el deseo de comer ciertos alimentos. Esta no es imprescindible; no hay necesidad fisiológica, como en el hambre real. Está relacionada con el aprendizaje. Y es importante el tipo de alimento y sus características: que sea palatable (placentero en el paladar), el color, la forma, las costumbres, los recuerdos, las emociones, etc. No se trata de saciar el hambre, sino de satisfacer el deseo.

Saciedad: Es la respuesta o sensación del organismo cuando ingieres comida y empiezan a actuar las hormonas para decirte que ya estás llena fisiológicamente. Saciar el hambre forma parte del ciclo «sentir hambre – comer – saciarse». Median más factores en el acto de comer y de saciarse, porque es complejo, pero así puedes entender la diferencia entre saciarse y satisfacerse.

Satisfacción: Significa sentirse plena con relación al alimento y al deseo o placer de este. Te apetece comer algo, tienes un antojo, un deseo, y al comerlo, independientemente de si tienes hambre fisiológica o no, se satisface. A veces, aunque sigas con hambre real, el mero hecho de satisfacer el deseo es suficiente para ti. Otras veces, aun sin tener hambre fisiológica, permanece el impulso de satisfacer el antojo.

Por ejemplo, puedes comer un plato de lentejas y estar saciada porque ya no tienes más hambre, pero no satisfecha, porque no te gustan y te apetece comerte la lasaña que habías estado imaginando toda la mañana en el trabajo.

O puedes tener hambre y no estar saciada al comerte un dónut para cenar, porque es algo pequeño, pero sí satisfecha, porque era lo que te apetecía y no necesitas más.

Cuando se tiene una mala relación con la comida se alteran las señales de hambre y saciedad, porque el foco de comer deja de ser estar saciada o satisfecha, sino cambiar el cuerpo o maltratarte.

Saber distinguir las señales de hambre y saciedad, saber aceptar el comer emocional, no siempre es fácil, ya que vives en una sociedad de culto al cuerpo y al ideal de belleza que te hace preocuparte por cómo debería ser tu cuerpo y si deberías hacer dieta para cambiarlo. Vives en una sociedad que promueve las dietas y te las vende como si fueran algo que te traerá la felicidad, cuando, en la gran mayoría de los casos, es todo lo contrario.

LA CULTURA DE LA DIETA

La cultura de la dieta hace referencia a las creencias en torno a los cuerpos, la salud y la valía, creencias como que para estar más sana necesitas cambiar tu peso y tu cuerpo. De hecho, por ellas se ha enlazado la comida a un valor moral que realmente no tiene: alimentos buenos, malos, fit, limpios, etc.

La cultura de la dieta te ha hecho creer durante años que la diversidad corporal no era saludable, asociando la salud a la delgadez, fuera cual fuese el acto que hubiera que realizar para conseguirla.

Durante mucho tiempo, la alimentación se ha basado únicamente en la pérdida de peso y el cambio de cuerpo, eligiendo cada alimento por las calorías o componentes que tenía, en lugar de por la satisfacción y el placer o, incluso, por la salud.

Cuando se educa desde la cultura de la dieta, la relación con la comida no puede ser saludable, porque tendrá como objetivo conseguir el cuerpo «perfecto» y no la salud, a pesar de que muchas veces se ponga esta como excusa. Pero, cuando la variable que mide si consigues o no la salud es el cambio físico, entonces no buscas esto, porque te olvidas de lo más importante: la salud mental.

A la cultura de la dieta no le importa tu salud; le importan tu peso y tu dinero. Detrás hay todo un negocio montado con la desesperación de las personas para conseguir el ideal de belleza preestablecido.

La cultura de la dieta te ha hecho creer que serás más exitosa, más importante, más feliz y saludable cuanto más delgada estés. Pero se le ha olvidado decirte lo más importante: es mentira. Porque, en la gran mayoría de las ocasiones, hacer dieta no funciona; buscando la falsa salud física se pierde la mental por el camino.

Hacer dieta no funciona

Si estás leyendo este libro, seguramente alguna vez hayas intentado cambiar tu cuerpo haciendo dieta. Quiero que reflexiones si te funcionó, cómo te sentiste, si recuperaste el peso...

Has de saber que los datos nos dicen que entre el 80 y el 95 por ciento de las personas que hacen dieta recuperan el peso perdido antes de los cinco años. Así pues, se intuye que, aunque nos han vendido la dieta como algo milagroso, quizá no lo sea tanto, y menos si tenemos en cuenta la salud mental.

Además, te invito a reflexionar sobre por qué haces dieta: ¿por salud o por cambiar el cuerpo? Es posible que pienses en la idea de cambiar el cuerpo como forma de autocuidado; sin embargo, esto es una falacia. Las dietas tienen consecuencias sobre la salud física y mental, pues generan una mala relación con la comida y con el cuerpo. Pero ¿por qué las hacemos aun así? ¿Por qué no te rebelas contra esas normas sociales que te hacen vivir en insatisfacción toda la vida creyendo que nada es suficiente?

El problema de las dietas y el círculo vicioso de la insatisfacción corporal

Partimos de la insatisfacción corporal: como no aceptas tu imagen, intentas cambiarte a base de restricción o exceso de actividad física, sumadas a un bucle de pensamientos de rechazo. Esto hace que desatiendas tus necesidades y señales naturales. El cuerpo, cuando restringe y se maltrata, tiende a activar su sistema de supervivencia, lo que en muchas ocasiones puede llevar a un problema de atracones y a potenciar y mantener el círculo vicioso, sin olvidarnos de las emociones que rondan todo el bucle. Si te ves mal, te sientes mal, y, por tanto, se refuerza el círculo vicioso. ¿Qué hay que hacer para acabar con este bucle? Cortarlo. Pero no intentando cambiar y maltratar tu cuerpo, sino modificando la relación que tienes con él.

Existen cuerpos delgados sanos y cuerpos delgados enfermos.

Existen cuerpos gordos sanos y cuerpos gordos enfermos.

Existe la diversidad corporal.

No juzgues por el físico; de esta forma banalizas la complejidad del ser humano.

Cambia la relación contigo e instaura hábitos que te hagan cuidarte, tanto física como mentalmente. Porque no hay salud sin salud mental.

Las dietas en la infancia como experiencia traumática

Una experiencia traumática es un suceso que causa un impacto en la persona y, por ello, un daño que altera la capacidad de adaptación y produce secuelas. Un trauma no es solo un atentado, un accidente severo de coche, etc.; trauma es cualquier acontecimiento que tenga un impacto emocional y deje una huella dolorosa en el cerebro.

Y te preguntarás: «Pero ¿qué tienen que ver las dietas aquí?».

Las dietas realizadas en la infancia pueden actuar como suceso traumático, ya que generan un impacto sobre la persona. Pueden suponer una de las primeras exposiciones de una criatura a la consecución de un objetivo: adelgazar. O, lo que es lo mismo, los primeros mensajes explícitos de que su cuerpo no está bien, no es válido y hay que cambiarlo.

Y, como es un objetivo mandado y reforzado por figuras parentales muy importantes (ya sean los médicos, la madre, el padre, etc.), se vuelve un mensaje muy potente. Además, la sociedad lo refuerza constantemente, por lo que se interpreta como un mensaje imprescindible.

Al hecho de hacer dieta, además, se le dan unos valores que parecen casi obligatorios, cuando en realidad no solo no lo son, sino que van en contra de cualquier concepto de salud:

- La valía de la persona. Vales según cómo sea tu cuerpo y lo que seas capaz de transformarlo.
- La fuerza de voluntad. Tienes que poder hacerlo y mostrar fortaleza. Si no, no vales y eres una blanda.
- No defraudar a las figuras parentales. Has de dar la impresión de ser perfecta y de tener fortaleza, lo que se ve reflejado en el cuerpo.

- Evitar el castigo (pauta médica y revisiones). Porque si te ponen una pauta debes cumplirla y, si no, te humillarán o castigarán para que lo hagas.

Pero, además, si la dieta no funciona —porque recordemos que el cuerpo no cambia mágicamente—, generará un impacto emocional que repercutirá en tu relación con la comida y contigo misma, tal como comentábamos también con el círculo vicioso de la aceptación corporal.

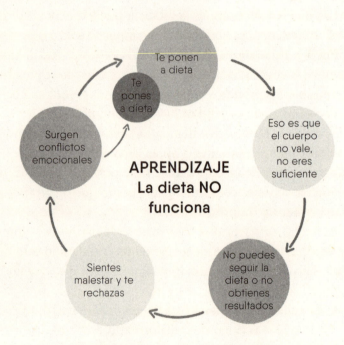

Y si la dieta SÍ funciona, la criatura aprende que es lo que debe hacer siempre para ser aceptada, así que será un refuerzo para continuar maltratando su cuerpo desde una falsa creencia de aceptación.

ACEPTACIÓN CORPORAL Y RELACIÓN CON LA COMIDA

Los niños y las niñas no necesitan una dieta, no necesitan que los obliguen a cambiar, no necesitan creer que no valdrán si no lo hacen.

Los niños y las niñas necesitan jugar, reírse, disfrutar, aprender, quererse, aceptar, amar, despreocuparse...

EJERCICIO
Conectando y abrazando a tu niña

Trata de conectar con tu niña o niño interior: con tu yo de hace años, con tu yo de la infancia.

Para ello, ponte cómoda. Pon una música relajante, a poder ser sin letra.

Conecta con tus respiraciones. Intenta relajarte.

Coge un cuaderno o folios de papel y un boli.

Por un lado, vas a escribir desde tu niña, la niña que fuiste. Conecta con tus recuerdos: lo que te gustaba, lo que no; conecta con tu infancia y tu relación contigo, con la comida, con tus vivencias. Escribe en el papel cómo te sientes desde tu niña. Qué necesitaba, qué creía, qué sentía, qué le daba miedo, qué ilusiones tenía, etc.

Después vas a escribir desde tu yo, desde tu adulta. Escríbele respondiendo a su carta. Cuéntale cómo te sientes leyéndola, qué ha significado para ti, qué te gustaría hacer, decir, etc. Escribe lo que te salga; déjate llevar. Empatiza sintiendo lo que ella vivió. Muéstrale tu cobijo, tu protección, tu amparo. Muéstraselo y respóndele que estás ahí para ella. Que ya no está sola. Que te tiene a ti.

Recuérdale que gracias a ella eres lo que eres hoy, pero que ahora eres adulta y puedes abrazar las heridas y sanar. Empodérate.

Cuando sigues los patrones de la cultura de la dieta, es inevitable hacer dieta o restringir. De hecho, si has hecho dieta y has pasado hambre para cambiar tu cuerpo, el siguiente apartado seguro que te suena. Restringir y pasar hambre, además de no ser agradable para nadie, porque a nadie le gusta pasar hambre, puede ocasionar una mala relación con la comida y con una misma, y, en muchas ocasiones, generar episodios de restricción y de atracón.

RESTRICCIÓN-ATRACÓN

La restricción es la principal «herramienta» cuando quieres perder de peso y cambiar tu cuerpo, junto con la actividad física. Pero también es una herramienta de maltrato hacia ti misma, porque cuando restringes y pasas hambre no solo capas a tu cuerpo a la hora de cubrir sus necesidades, sino que te expones a una tortura hacia ti misma y te lanzas el mensaje de que no eres válida tal como eres.

Restringir no es solo dejar de comer; es iniciar un diálogo de odio contigo misma, torturarte y darte el mensaje de que tú no mereces comer. La restricción no es solo hacer dieta o prohibirte ciertos alimentos. Restringir también es controlar cantidades, raciones pequeñas, etc. Así pues, el «yo como de todo» no siempre es correcto si ese «todo» está elegido desde el control. Puedes comer de todo y no permitirte la cantidad que realmente te apetece.

Cuando se restringe, es común que después haya un atracón, ya sea como gestión emocional, como autocastigo, como autorregulación, o para saciar y equilibrar el hambre a la que te has expuesto. El atracón genera mucho malestar porque supone una sensación de pérdida de control, así como incomodidad física, culpa, vergüenza y preocupación por el peso y el cuerpo.

Uno de los precipitantes más importantes, y sin querer banalizar la complejidad de esta conducta, es la restricción. Cuando se restringe, es muy fácil perder el control de la comida. Por ejemplo: imagina que estás en una isla desierta, llevas allí días y no tienes nada de comida, solo aquella que vas encontrando. Tienes mucha hambre. De repente, alguien llega y te trae una gran bandeja llena de manjares, de tus comidas favoritas, todas riquísimas. ¿Crees que serás capaz de contenerte, de no comer, de comer solo un poquito? ¿O arrasarás con todo, muerta de hambre como estás?

El hambre no deja que el cerebro elija; únicamente activa los funcionamientos de supervivencia.

Cuando se tiene una mala relación con el cuerpo y la comida, se tiende a percibir atracones que realmente no han sido tales. Por ello, es importante sanar tu relación con la comida, permitiéndote comer y saciarte, permitiéndote sentir plenitud sin que signifique algo desagradable para ti.

La sensación de plenitud, cuando comes, a veces se enlaza con el rechazo al cuerpo. Esa sensación de estar llena se asocia con emociones desagradables y con el miedo a engordar.

Por ello, necesitas darte permiso: darte permiso para comer, para disfrutar y dejarte llevar. Dejar de estar contenida, dejar de lado el objetivo de cambiar tu cuerpo o mantenerlo siempre en la misma forma.

Porque el control siempre nos lleva al descontrol.

Puedes vivir la vida restringiendo; la cuestión es: ¿quieres? ¿Te lo mereces?

Cuando te das permiso para disfrutar comiendo, dejas de marcarte reglas externas que te dan control, dejas de hacer dietas que te hacen pasar hambre y sufrir, y comienzas a conectar con tus necesidades y tus señales de forma consciente.

COMER DE FORMA CONSCIENTE *VS.* CULTURA DE LA DIETA

La alimentación consciente —o, lo que es lo mismo, la alimentación intuitiva— consiste en dar prioridad a las sensaciones y necesidades del cuerpo, tanto físicas como psicológicas, honrando su salud y bienestar. Es dejar de lado las dietas que te dicen qué comer o cuánto, para comenzar a aprenderlo tú en función de tus sensaciones.

La alimentación intuitiva no es una dieta. Su fin no es adelgazar; puede que adelgaces o no al llevarla a la práctica, pero no es su objetivo. Su objetivo es mejorar la relación con la comida, contigo y con tu cuerpo, reconciliarte con ella y alejarte de las dietas, priorizando tu salud.

Cuando comes de forma consciente, empiezas a conectar contigo y tu cuerpo, y para ello debes preguntarte y estar atenta a tus señales y necesidades.

Los principios de la alimentación intuitiva, según Evelyn Tribole y Elyse Resch,* son:

1. Rechazar la mentalidad de dieta.
2. Honrar tu hambre.
3. Hacer las paces con la comida.
4. Desafiar a la policía alimentaria.
5. Sentir el nivel de saciedad.
6. Descubrir el factor de satisfacción.
7. Honrar tus emociones con amabilidad.
8. Respetar tu cuerpo.
9. Hacer ejercicio: sentir la diferencia.
10. Honrar tu salud.

Comer de forma consciente e intuitiva consiste en dejar de seguir pautas cerradas, en dejar de hacer caso a una dieta anotada en un papel para comenzar a hacerte caso a ti misma. Consiste en escuchar tus señales y saber satisfacerlas, desde la atención y la conciencia plena.

¿Cómo puedes comenzar a practicar la alimentación consciente? Por aquí te dejo once puntos que puedes seguir:

1. **Cocina algo rico con calma:** El primer paso para comer es cocinar. En ocasiones no es el paso previo, ya que puedes ir a un restaurante o que te cocinen. Sin embargo, hacerlo tú también te conecta con la inten-

---

* Evelyn Tribole y Elyse Resch, *Intuitive Eating. A Revolutionary Program That Works* (Alimentación intuitiva. Un programa revolucionario que funciona), Nueva York, St. Martin's Griffin Press, 2012.

ción de cuidar tu salud. Elige qué vas a cocinar, prepara los ingredientes, ve con calma, sigue un orden, ponte música si no te gusta cocinar en silencio y disfruta del proceso.

2. **Emplata bonito, decora la mesa:** Una que vez hayas terminado de cocinar, coloca la comida en el plato con mimo, como si estuvieras en un restaurante. Elige una vajilla bonita y emplata. Recuerda que también nos alimentamos por la vista. Además, puedes poner la mesa bonita, con un mantel que te guste y una vajilla a tu gusto.

3. **Come en un lugar con tranquilidad:** Si comes fuera de casa, no siempre es fácil encontrar un lugar alejado del barullo. Lo mismo ocurre cuando comes con más gente o te reúnes con familiares y amigos: las risas, los gritos… te invaden el plato. En esas ocasiones, trata de encontrar la tranquilidad dentro de la situación disfrutando del momento. Si no es posible, intenta tener algunas comidas semanales en las que sí encuentres esa calma y tranquilidad mientras te alimentas.

4. **No comas de pie:** ¿Eres de las que comen andando por la calle de camino a casa o de los que se preparan algo rápido y comen apoyados en la encimera de la cocina? ¡Error! Trata de comer sentada, a gusto y descansando. Comer de pie hace que ingieras más rápido y que desconectes de ti, ya que no es una situación cómoda.

5. **Come degustando:** ¿Eres de los últimos o de los primeros en terminar de comer? Trata de comer más despacio, con calma, masticando y saboreando.

Aparte de ayudarte a degustar más, te conectará con las sensaciones de saciedad.

6. **Suelta los cubiertos:** Si te observas comiendo, seguramente verás que, tras meterte el pedazo de comida en la boca, a la vez que masticas, ya estás cortando el siguiente trozo y llevándotelo a la boca. Calma, deja descansar los cubiertos. Introduce el alimento, mastica, traga y, a continuación, cuando ya hayas terminado ese proceso, continúa con el siguiente pedazo.

7. **Come de todo y come saludable (en mente y cuerpo):** Mereces cuidarte y cuidar tu salud. Elige alimentos ricos y saludables, pero sin prohibiciones. El equilibrio es la clave. Ten en cuenta la responsabilidad y tu salud mental.

8. **Atención plena:** Cuando comas, come. Es decir, mientras estás alimentándote, intenta prestar atención al momento mismo; elimina las distracciones que te hacen evadirte de ese instante. Evita comer mirando la tele o el móvil, por ejemplo, ya que, al dividir tu atención, tendrás la sensación de comer menos y tardarás más en saciarte.

9. **Ponte un recordatorio:** Busca un anclaje, es decir, coloca algún objeto cerca de ti en el momento de comer para que, cuando lo visualices, te recuerde que comas de manera consciente. Sobre todo, al principio, hasta que practiques el hábito.

10. **Come cuando tengas hambre:** Come cuando sientas que lo necesitas. Una vez que aprendas a interpretar las señales, sabrás fácilmente cuándo tu cuerpo te pide comida. De la misma forma, intenta parar cuan-

do sientas saciedad. Recuerda que somos también emociones.

11. **Agradece:** Siéntete agradecido por los ricos alimentos que has comido, por el simple hecho de haberlos comido y, por supuesto, por haberlos disfrutado, por lo que el momento significa, por la compañía...: por todo. Agradece.

La manera en la que comes puede ser una forma de autocuidado: dedicarte tiempo de calidad y de calma y aprender a conectar con tus sensaciones no solo te ayudará a nivel digestivo, sino que aportará mejoras psicológicas. Comer no es solo llevar alimento a la boca, sino mucho más. Cómo te alimentas también te ayuda a cambiar cómo te cuidas y cómo te ves. Come de forma equilibrada, escuchando tu salud, tu responsabilidad y tus necesidades.

Cuando cambias la manera de actuar con tu cuerpo, sin maltratarte, sin buscar modificarlo constantemente, para priorizar la salud y el autocuidado desde la escucha y la satisfacción de tus necesidades, puede que tu cuerpo cambie. Porque deja de ser un cuerpo que intentaba cumplir el ideal de belleza para ser tu cuerpo, el que de verdad es, real. Por ello, es importante afrontar y trabajar estos cambios sin juicio ni crítica, desde la compasión y el abrazo a ti misma.

¿CÓMO AFRONTAR LOS CAMBIOS FÍSICOS MIENTRAS SANAS TU RELACIÓN CON LA COMIDA?

Cuando sanas tu relación con la comida, cuando dejas de hacer dieta, de maltratar a tu cuerpo, de obcecarte en adelgazar o cambiarlo, o incluso cuando trabajas en la recuperación de un trastorno de la conducta alimentaria, es común y totalmente natural que haya cambios en el cuerpo y en el peso, y, por ende, en cómo te ves y afrontas la situación. Por ello, por aquí te dejo algunas pautas importantes para ti.

Busca metas y objetivos que no tengan que ver con el cuerpo y la alimentación: Disfrutar de cenar con los amigos, viajar sin preocuparte, tu carrera profesional, dejar de pensar todo el día en tu cuerpo y en cómo sería cambiarlo… Márcate metas laborales, personales, de autocuidado, etc.

Guarda la ropa que no está bien para ti en este momento y compra nueva: Es normal cambiar de talla, que la ropa te apriete. No tienes que obligarte a estar incómoda; la incomodidad te evocará pensamientos intrusivos constantes sobre ti y tu cuerpo. Además, no mereces ir incómoda y angustiada todo el día. La talla solo es un número; la ropa es solo tela; tú eres mucho más.

Rodéate de personas que te aporten y aparta a las que no: Que te aporten mucho más que temáticas de cultura de la dieta, del cuerpo o de la comida. Rodéate de personas saludables, que te aporten metas nuevas, hobbies, debates interesantes. Di adiós a aquellas relaciones dolorosas que mantienes por heridas del pasado y no porque estén bien para ti en la actualidad. Marca límites, ponte como preferencia. Elige a personas que te hagan sentir calma y seguridad.

Potencia e interioriza tus cualidades: Si solo te valoras por tu físico, es normal que si falla parezca que no seas nada más. Sin embargo, esto no es correcto. Eres mucho más que un físico. Te dejo un ejercicio para practicar.

EJERCICIO
Características y adjetivos personales

¿Te has preguntado alguna vez cómo te describes ti misma? Pero no por encima, sino sentándote con papel y boli, y reflexionando con calma. Te invito a regalarte un ratito de tranquilidad y hacerlo ahora. Trata de reflexionar sobre cómo te ves. Enumera cinco adjetivos físicos y diez psicológicos sobre ti. Anótalos en un papel y descríbelos. Ya sabes que lo que para ti es «amable» no tiene por qué integrarse de la misma forma en otra persona. Escribe aquellos adjetivos que te vayan viniendo a la cabeza.

Mis adjetivos:

Ahora descríbelos:

1. _____ :

2. _____ :

3. _____ :

4. _____ :

5. _____ :

6. _____ :

7. _____:

8. _____:

9. _____:

10. _____:

11. _____:

12. _____:

13. _____:

14. _____:

15. _____:

Una vez que los tengas todos, debes pensar en una persona de tu entorno a la que quieras pedir ayuda con este ejercicio. Puede ser tu pareja, alguien de tu familia, amigos o amigas... Diles que hagan el mismo ejercicio: que piensen cinco adjetivos físicos y diez psicológicos sobre ti, y los describan.

Cuando tengas su lista, busca coincidencias y similitudes. Trata de reflexionar sobre ellas: ¿has detectado alguna diferencia entre tus adjetivos y los de tu persona elegida? ¿Qué crees que cambia? ¿Qué te parecen los que ha escrito esa persona? ¿Te sientes identificada con ellos? ¿En qué lista crees que hay más juicio? ¿Son adjetivos descriptivos o valorativos?

El físico es mucho más que lo que se ve por fuera. Es mucho más que la «belleza» construida por un ideal social. Las piernas nos sirven para caminar; los brazos que calificas negativamente como gordos te han ayudado a jugar al baloncesto durante años; esa nariz fea te ha acompañado a oler perfumes y platos que has podido disfrutar sin pensar si la nariz era o no importante en ellos. Todo tu cuerpo ha vivido momentos que guardas para el recuerdo. Y has podido disfrutar esos momentos gracias a que él te ha sostenido.

A tu cuerpo, que tanto ha dado por ti, que te ha permitido vivir, que te acompaña cada día y te permite estudiar, trabajar, amar, abrazar, ¿por qué lo maltratas así? ¿Qué te ha hecho para merecer este trato? ¿Crees que podemos hacer algo por él? ¿Te apetece reconciliarte con él?

Tienes que aprender a mirarlo como se merece y a tratarlo con cariño, amor, empatía y compasión. ¿Te apetece que pidamos perdón al cuerpo por todo este daño que le hemos hecho? ¿Te apetece comenzar una nueva relación con él?

Para poder sanar, es importantísimo cambiar cómo te tratas y cómo te relacionas con los demás. Porque a veces llevas a cabo conductas que parecen de autocuidado, pero debajo ocultan rechazo y odio hacia ti. Detectarlas es clave para poder vivir con bienestar real. Además, trabajar la fusión con los demás, proteger tu espacio de seguridad e intimidad, y marcar límites, contigo y con el resto, es valioso también en este proceso. Aprender a recibir halagos, recogerlos y cambiar la forma en la que te hablas, también. Por ello, te animo a seguir trabajando en ti y nutrirte con los siguientes capítulos.

10

¿Cómo me trato?

Tú eres la única persona con la que vas a tener que convivir toda la vida; serás tu compañera fiel y, literalmente, no podrás separarte de ti ni un solo segundo. ¿Qué mejor, entonces, que trabajar en tener una buena relación contigo? ¿Qué mejor que trabajar para cambiar cómo te tratas y cómo te cuidas, para pasar de ser una compañera a ser la mejor compañía, para ir contigo de tu mano, comprendiéndote, aceptándote, sin juicio ni odio?

Por eso es tan importante este capítulo, porque a veces se te puede olvidar poner en práctica algo que parece típico o demasiado obvio. Estoy segura de que con los cambios que te propongo en este capítulo comenzarás a tratarte como te mereces.

¿QUÉ ES EL AUTOCUIDADO?

El autocuidado es una parte fundamental de la relación contigo misma.

El concepto «autocuidarse» —valga la redundancia— hace referencia al acto de cuidarse física, mental y emocionalmente, de forma integral. TÚ te cuidas, prestando atención a las necesidades que se derivan de estas áreas, las cuales pueden ser cambiantes y subjetivas. No siempre necesitarás lo mismo; lo que cubrió tus necesidades ayer puede que no te sirva para hoy. Y no digamos si se produce un cambio de etapa vital. Por supuesto, hay una gran variabilidad entre personas. Lo que veas que ayuda a unas amigas o sus actos de cuidado y atención a sus necesidades no tiene por qué ser lo que necesitas tú.

Eres responsable de tu autocuidado; tienes con él (y contigo) el mismo compromiso que quien tiene una persona o un ser vivo a su cargo: ponerte en un lugar prioritario.

El autocuidado es la base del amor a ti misma. No se puede aceptar y querer a quien se maltrata, por eso es tan importante trabajar este concepto.

Para ello, es importante que introduzcas conductas que te ayuden a mejorar tu trato hacia ti, pero también que elimines los actos que te destruyen. Y esto, aunque lo parezca, a veces no es tan sencillo.

¿Te acuerdas de cuando hablábamos del padre crítico y el nutricio? Pues la práctica del autocuidado está muy relacionada con ello.

No todo lo que parece autocuidado lo es. Por eso debes reflexionar y pensar si se consigue la meta final: la consecución del bienestar. Es muy importante que las actividades que pongas en práctica sean por y para ti. Si no, dejarán de ser una tarea que te cuide para ser una que cuida a los demás.

Si en tu día a día eres una persona excesivamente cuidadora y has aprendido a encontrar el bienestar en el cuidado de las otras personas (es el ejemplo de muchas madres o abuelas), quizá esto te cueste un poquito más, pero no por ello es menos necesario. Es importante que te preguntes con honestidad qué necesitas.

No debes confundir el cuidado propio con egoísmo, porque no son lo mismo. Hacer las cosas por y para ti es muy importante, y no supone un acto egoísta, sino de bondad, respeto y responsabilidad hacia ti.

Debes elegir aquellas conductas que te gusten y te ayuden, y en el momento que esté bien para ti.

No se trata de llenarte el tiempo para hacer más y más cosas. A veces, menos es más. Lo importante es que lo que hagas cumpla su función y no se vuelva en tu contra. Por ejemplo, si quieres practicar alguna actividad en tu tiempo libre y te apuntas a cinco diferentes, quizá te satures y, a la larga, no cumplan el propósito de desconectar y disfrutar porque se conviertan en una obligación.

El autocuidado no es siempre hacer cosas nuevas, sino dejar de hacer las que te destruyen y ya no te sirven.

¿Por qué es importarte el autocuidado?

Imagínate que te has comprado una planta. La trasplantas a una maceta más grande y bonita. La pones en un sitio donde le dé la luz, la riegas cuando lo necesita, le limpias las hojas, la rocías con agüita, le dedicas mimo y tiempo. Si tiene plagas, la cuidas. Estás pendiente de si ese lugar es adecuado para ella, si necesita más o menos luz, más o menos agua, etc.

Ahora imagínate que te has comprado esa misma planta. La dejas en un rincón de casa porque «queda bonita» y te vas olvidando de ella.

¿Qué planta crees que lucirá mejor? ¿Qué planta crees que crecerá más feliz? ¿Cuál se verá más lustrosa? ¿Cuál sobrevivirá más tiempo?

La primera, ¿verdad? Pues lo mismo pasa contigo. Quizá la planta jamás se muera y vaya sobreviviendo, pero nunca será tan lustrosa y feliz como la primera. Porque no es lo mismo VIVIR que SOBREVIVIR. Necesitas cuidados. Y no siempre los mismos, sino según las necesidades de cada momento. Es necesario que te escuches y sepas comprenderte para darte lo que necesitas. Porque, aunque puedas vivir sin autocuidado, no será lo mismo; estarás sobreviviendo.

¿Y qué tiene que ver esto con el cuerpo?

Imagínate que coges la segunda planta, la que has dejado en un rincón, y le pones purpurina y adornos. La planta se verá más radiante, lustrosa y bonita por fuera, pero no la riegas, no la mimas, no la cuidas. La mejor planta no será la que se ha adornado de esta manera, sino la que está cuidada por dentro, que radiará esta salud y bienestar por fuera. Por tanto, para poder aceptarte y ver tu cuerpo de forma compasiva y desde la salud, debes seguir conductas para sentirte bien y reforzarte.

Una vida vacía y triste afecta a tu autoestima tanto psicológica como físicamente. Ya lo contaba en el capítulo sobre las emociones: cómo estás afecta a cómo te ves.

¿Qué es el autocastigo? ¿Qué no es autocuidado?

Cuidarte no es odiarte ni castigarte.

Hay conductas que pueden parecer saludables y no lo son, conductas que pueden parecer de cuidado y que vienen ideadas desde el odio. Estas conductas son más comunes de lo que crees, sobre todo cuando hablamos del cuerpo.

Por ello, te lanzo unas preguntas: ¿haces deporte por salud o para no subir de peso? ¿Restringes ese postre que te gusta por salud o por miedo a que el cuerpo cambie? ¿Los pensamientos acerca de cambiar tu cuerpo cuando te miras al espejo son por salud o porque has aprendido a rechazarte?

Si lo que comes lo eligieras aunando la salud mental y física, y no solo el cuerpo, ¿comerías así? Si no engordaras, ¿comerías así? ¿Te gastarías tanto dinero en cremas y productos milagro si tu cuerpo fuera normativo o no quisieras cambiarlo?

Si la mayoría de las respuestas han ido encaminadas a cambiarte, es posible que estas acciones aparentemente hechas desde el autocuidado no estén siéndolo tanto, sino que se realicen desde el rechazo y el odio.

Detectar estas acciones es fundamental, ya que, si no, es muy complicado mejorar la relación contigo. Lo que haces afecta a lo que piensas de ti y a lo que sientes.

Te dejo algunos ejemplos de autocuidado hechos desde el amor y desde el odio:

EMOCIONES	AUTOCUIDADO DESDE EL AMOR	AUTOCUIDADO DESDE EL ODIO
Cansancio	Terminas de trabajar agotada, escuchas ese cansancio, te preguntas qué necesitas y decides salir a dar un paseo con calma.	Terminas de trabajar agotada, NO escuchas ese cansancio y decides adelantar el trabajo de mañana, confundiendo ese extra de trabajo con la productividad y sintiéndote «bien» de forma incorrecta, anulando las emociones.
Alegría	Estás contenta por una buena noticia y decides compartirla con tu gente y salir a celebrar.	Estás contenta por una buena noticia y decides ocultarla por miedo a que piensen que eres egocéntrica y egoísta. Estás dejando de darte prioridad y de reforzar las cosas buenas que te pasan.
Tristeza	Ha ocurrido algo que te hace sentir tristeza, escuchas lo que necesitas, te pones una peli triste y escribes en tu diario. Te apoyas en tu entorno si lo necesitas.	Ha ocurrido algo que te hace sentir tristeza, pero tratas de ocultarla para que nadie vea que estás mal y no molestarlos.
Rechazo	Te miras al espejo y te ves hinchada porque estás con la regla; eliges ropa cómoda y abrazas cómo se sientes.	Te miras al espejo y te ves hinchada porque estás con la regla; te mandas mensajes de odio, de restringir y de no comer, e intentas meterte en tus pantalones apretados aunque vayas incómoda.

Beneficios del autocuidado

- Mejora la autoestima y el amor propio.
- Incrementa el bienestar.
- Mejora la relación contigo y tu intimidad personal.
- Mejora la calidad de vida.
- Mejora la productividad.
- Mejora la adaptación y el afrontamiento.
- Etc.

Tipos de autocuidado

Autocuidado emocional: Ser consciente de tus emociones en cada momento y ofrecerte lo que necesites, desde la honestidad y el cariño. Veamos algunos ejemplos:

- Escribir un diario en el que evoques tus emociones y tu día a día, sin juicio.
- Escuchar tus emociones y darles su espacio. Abrazarlas, sostenerlas, comprenderlas sin juzgarlas, expresarlas, aceptarlas.
- Hacer actividades que conecten contigo y tus emociones.
- Perdonarte.
- Ir a terapia cuando tú sola no puedas.
- Darte permiso para llorar y soltar cuando lo necesites.
- Pasar tiempo de calidad con familia y amigos, en el que podáis expresaros y sentir empáticamente.
- Reflexionar sobre ti y tus necesidades, qué te puedes dar, y qué te das pero no funciona.
- Meditar para conectar contigo y dejar que salgan emociones y pensamientos sin juzgar.
- Ver películas de risa, monólogos u obras de humor.

- Hacer actividades de expresión emocional: baile, canto, pintura, escritura…

Autocuidado físico: Cuidar tu cuerpo y la relación con él. Veamos algunos ejemplos:

- Practicar una actividad física que te guste.
- Acostarte temprano para ofrecer a tu cuerpo descanso.
- Cuidar la forma en que tratas y miras tu cuerpo.
- Cocinar recetas ricas y equilibradas, teniendo en cuenta la salud física y mental.
- Practicar la organización para ir con más calma en el día a día.
- Trabajar terapéuticamente el estrés y su relación con el cuerpo.
- Practicar yoga o algún deporte que te conecte con el cuerpo y la mente.
- Dedicar tiempo a mimar tu cuerpo, a explorarlo, saber qué necesita.
- Hacer actividades gratificantes: ir a comer fuera, pasear, ir al cine, etc.
- Adoptar hábitos más saludables para ti y tu cuerpo.
- Salir a caminar con tu perro.
- Conectar con la naturaleza dando un paseo.

Autocuidado espiritual: No es tanto la religión como tal, sino cómo te relacionas con lo que sientes de forma interna. Veamos algunos ejemplos:

- Practicar la meditación y la atención plena.
- Hacer obras humanitarias, de conexión contigo, asistir a actos religiosos…
- Trabajar la base de tus valores y su práctica.

- Conectar con lo que sientes espiritualmente.
- Hacer retiros.
- Conectar con la naturaleza.
- Cultivar la escucha activa, la inspiración, la humildad.
- Practicar la gratitud; por ejemplo, en un diario.
- Conectar con tu propósito y con lo que puede ayudarte a conseguirlo.
- Viajar a algún sitio que te inspire.

Autocuidado social: Cuidar la relación con los demás y tu entorno. Veamos algunos ejemplos:

- Marcar límites cuando se necesiten, tanto físicos como emocionales.
- Elegir amistades y personas que te aporten.
- Cerrar ciclos.
- Hacer actividades y salidas con amigos, para cenar, comer, ir a los bolos, pasear…
- Apuntarte a grupos de intereses comunes.
- Conversar.
- NO hacer actividades con personas que no son de tu interés o te hacen daño.
- Escribir mensajes a amistades que están lejos, hacer videollamadas o llamadas…
- Asistir a cursos o clases en los que conozcas a personas nuevas.

Autocuidado intelectual: Cuidar la mente y potenciar el pensamiento crítico y el creativo. Veamos algunos ejemplos:

- Hacer ejercicios de aprendizaje.
- Leer libros.
- Hacer crucigramas, sudokus, rompecabezas, puzles…
- Estudiar.

- Entablar debates con compañeros, amigos o grupos de debate.
- Hacer actividades que potencien la habilidad manual: costura, manualidades, punto de cruz...
- Practicar juegos de destreza y habilidad mental.
- Realizar actividades que potencien la creatividad: tocar un instrumento musical, el dibujo, la escritura...
- Iniciar una actividad nueva que tengas que aprender de cero.
- Estudiar algún idioma.
- Escuchar pódcast o vídeos que puedan nutrirte y con los que puedas aprender.

Ejemplos de qué es y qué no es autocuidado

Tipo de autocuidado	SÍ es autocuidado	NO es autocuidado
Autocuidado físico	Hacer deporte para cuidar tu cuerpo y su salud.	Hacer deporte para cambiar el cuerpo sin escucharlo.
Autocuidado espiritual	Hacer un retiro para ti.	Vivir en automático sin conectar contigo.
Autocuidado emocional	Escribir un diario escuchando cómo te sientes.	Evitar las emociones para no sentir.
Autocuidado social	Guardarte un día del fin de semana para salir con amigos.	Aislarte por priorizar el trabajo.
Autocuidado intelectual	Hacer una clase de inglés semanal.	Ver vídeos de TikTok sin parar como única fuente de entretenimiento.

EJERCICIO
Los quesitos del autocuidado

Te dejo por aquí un ejemplo de cómo sería un quesito inventado, teniendo en cuenta los tipos de autocuidado. No te bases en él, ya que es un mero ejemplo. Reflexiona y haz el tuyo propio más abajo.

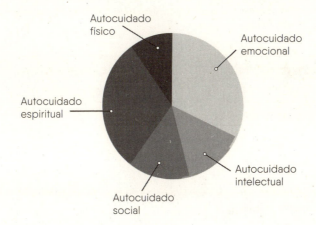

Te propongo dibujar los quesitos de tu autocuidado actual:

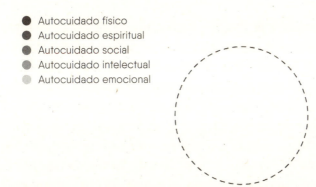

EJERCICIO
¿Qué puedes hacer para trabajar los tipos de autocuidado?

Reflexiona sobre los tipos de autocuidado e intenta pensar qué actividades podrías hacer de cada uno por y para ti:

TIPO DE AUTOCUIDADO	¿QUÉ PUEDO HACER?
Autocuidado físico	
Autocuidado espiritual	
Autocuidado emocional	
Autocuidado social	
Autocuidado intelectual	

Veamos tres ejercicios de autocuidado para conectar con tu cuerpo:

1. **Crema hidratante:** Para ello, cada día, después de la ducha o en algún momento que tengas para ti, te sentarás y dedicarás unos minutos a ponerte crema hidratante en el cuerpo. Puedes ir poco a poco, día tras día; dedicarle dos minutos el primer día e ir aumentando. O puedes elegir las zonas menos conflictivas para ti e ir llegando a las que conecten de forma más dolorosa contigo. La idea es comenzar a asociar esa sensación de bienestar con tu tacto, y unos pensamientos agradables con tu cuerpo y con ese momento. Te propongo que comiences a extenderte la crema hidratante por el cuerpo, conectando

contigo, con mensajes agradables para ti. Trata de hacerlo con cariño y empleando palabras bonitas hacia ti. Deja de lado el juicio. Si salen pensamientos dañinos, déjalos ir. Después pregúntate:

- ¿Cómo te sientes?
- ¿Cómo está tu cuerpo en este instante?
- ¿Quieres decirte algo en este momento?
- ¿Crees que necesitas algo o deseas algo?

2. **Conectar con tu cuerpo:** En este ejercicio debes conectar con tu cuerpo, con tu respiración y con tus sensaciones. De nuevo, como en el ejercicio anterior, comienza poco a poco. Por ejemplo, primero dedícale cinco minutos. Trata de inhalar y exhalar despacio mientras conectas con las sensaciones de tu cuerpo, con tu postura, con las presiones o la ligereza que supone para ti. Después hazte las preguntas:

- ¿Cómo te sientes?
- ¿Cómo está tu cuerpo en este instante?
- ¿Quieres decirte algo en este momento?
- ¿Crees que necesitas algo o deseas algo?

3. **Agradece a tu cuerpo:** En un lugar tranquilo y con calma, piensa qué cosas agradeces a tu cuerpo en la última semana: qué te ha permitido hacer, qué te ha permitido vivir... Después pregúntate:

- ¿Cómo te sientes?
- ¿Cómo está tu cuerpo en este instante?
- ¿Quieres decirte algo en este momento?
- ¿Crees que necesitas algo o deseas algo?

¿QUÉ DEBES HACER PARA CUIDARTE GENUINAMENTE?

Para practicar el autocuidado y cuidarte genuinamente, debes aceptarte, no juzgarte, abrazarte y saber escucharte. Pero ¿en qué consiste esto?

Saber escucharte

No puedes comenzar a cuidarte si no sabes qué necesitas. Para ello, el primer paso es aprender a «leerte», atenderte y pararte a escuchar cuáles son tus necesidades.

Seguro que te ha pasado alguna vez, o a alguien a quien conoces, que vas tan rápido, con tanto estrés, sin tiempo para parar, enlazando una actividad con otra, que, sin querer, tomas conciencia de que no has comido y ni siquiera has sentido hambre. No te has parado a escucharte o no has sabido hacerlo. También ocurre cuando practicas ejercicio en exceso o no te permites saltarte un día la rutina, sin pararte a prestar atención a cómo se siente tu cuerpo, si necesita descansar ese día, si le duele algo.

Para parar a escucharte necesitas la responsabilidad de hacerte caso; de este modo, una vez identificado qué necesitas, sabrás y querrás dártelo.

Para poder ordenar tu mundo interno, tienes primero que saber reconocerlo, y esto no se dará si no sabes escucharte o no te detienes a ello.

Muchas veces existen motivaciones ocultas que pueden producirte emociones limitantes e impedirte coger las riendas del cambio. O, por otro lado, sin darte cuenta caes en conductas de evitación o daño para no impulsar el cambio.

Identificar ambas situaciones también forma parte de «saber escucharte».

Cuando hablo de motivaciones ocultas me refiero, por ejemplo, a ir a terapia, pero no hacer ningún cambio porque te da miedo enfrentarte a subir de peso y no estás siendo capaz de escuchar, reconocer, aceptar o comunicar esta emoción. O porque sabes que, si subes de peso, quizá no te llamen para trabajar, porque te han amenazado con ello (esto ocurre en algunos trabajos de modelaje, en los que la exigencia física es muy alta). También sucede cuando el síntoma te ofrece algo beneficioso que, por supuesto, hay que identificar para poder trabajarlo en terapia: te hacen más caso desde que tienes un TCA, tus padres a punto de divorciarse han vuelto a estar juntos, tu hermano te cuida, tus amigas te llaman más que nunca, etc.

En la mayoría de los trastornos de la conducta alimentaria, así como en aquellos relacionados con la imagen corporal, las necesidades se ven anuladas. Por eso es tan importante aprender a reconectar con ellas.

En la página siguiente verás la pirámide que Maslow construyó, en la que hablaba de las necesidades que debe cubrir una persona consigo misma. Las ordenaba de más primordiales a menos en cuanto a supervivencia, de tal forma que, si las de la base no se habían conseguido, era imposible lograr las demás.

Es decir, si no cubres tus necesidades fisiológicas de descanso, de alimentación, etc., es difícil seguir escalando hacia las necesidades superiores hasta llegar a la autorrealización. Muchas veces esto produce, entre otras cosas, una sensación de vacío, que puede llenarse con esa focalización en el síntoma, la comida, el físico o la delgadez.

A su vez, como he ido señalando a lo largo del libro, cuando no hay esa conexión genuina y empática con el cuerpo, cuando hay ese desprecio, es común aislarse, dejar de hacer planes y creer que no necesitas al resto de las personas porque no hacen lo mismo que tú o no siguen esos mismos rituales. En este caso tampoco se satisface la necesidad de afiliación.

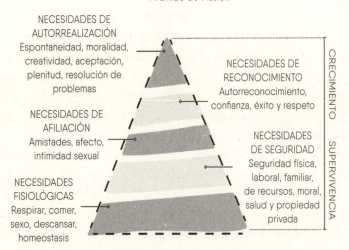

Para poder trabajar terapéuticamente, vayas o no a terapia, este paso es necesario. Incluso si quieres hacer los ejercicios de este libro con honestidad.

Las necesidades no son estáticas; irán fluctuando según el momento vital. Habrá ocasiones en las que te puedas cuidar más que otras, y no pasa nada, pero quizá te venga bien prestar atención a tus necesidades y entenderlas para conocerte y tenerlas en cuenta.

Aceptarte

> Cada persona es una isla en sí misma, en un sentido muy real, y solo puede construir puentes hacia otras islas si efectivamente desea ser ella misma y está dispuesta a permitírselo.
>
> Carl Rogers

Aceptarse a una misma es un ejercicio complejo que debe hacerse con paciencia y cariño. Aceptar es el punto de partida para mejorar la relación contigo misma (y con tu cuerpo). Sin la aceptación, una parte de ti vive en lucha con lo que querría ser y no es, alejada del presente.

Cuando inicias el proceso de reconciliarte y sanar, no solo tienes que aceptarte a ti, sino también tu pasado, el contexto, las circunstancias y la realidad actual. Aceptar no es querer mantenerla, no es sinónimo de que te guste. Aceptar es colocarla en un lugar alejado de la resignación y del juicio, donde te ayude a ser la primera pieza del puzle. Aceptar es dejar de luchar por algo que no lleva al cambio. Es soltar a tiempo. Es parar de malgastar la energía en el lugar equivocado.

Aceptarte a ti misma es quererte incondicionalmente, sin peros. Sin importar el cuerpo, el aspecto, el tamaño.

Cuando eres pequeña vas aprendiendo algunas normas implícitas para conseguir amor. Te das cuenta de que si te portas bien te quieren, de que si sacas buenas notas te quieren, de que si haces caso te quieren, etc. Si estás delgada, te halagan; si estás gorda, no. Intentan cambiarte, se burlan… Nadie te felicita o te refuerza más allá del físico o de la perfección. En muchas ocasiones, sin quererlo, se ponen condiciones para amar, e, indirectamente, esto te lleva a pensar que necesitas hacer algo para obtenerlo, así que el amor incondicional queda de lado.

Las comparaciones nos alejan de la aceptación. Valorar lo que tú necesitas individualmente, abrazar lo que te gusta de ti y lo que no, también es conseguir la aceptación. Dejar de luchar por ser perfecta, dejar de lado la autoexigencia, es aceptación.

Aceptarte te conecta con la autenticidad y con la espontaneidad. Dejas de ser un títere para ser tú misma.

> Érase una vez un hombre a quien le alteraba tanto ver su propia sombra y le disgustaban tanto sus propias pisadas que decidió librarse de ellas. Se le ocurrió un método: huir. Así que se levantó y echó a correr, pero cada vez que ponía un pie en el suelo había otra pisada, mientras que su sombra le alcanzaba sin la menor dificultad. Atribuyó el fracaso al hecho de no correr suficientemente deprisa. Corrió más y más rápido, sin parar, hasta caer muerto. No comprendió que simplemente con ponerse en un lugar sombreado, su sombra se desvanecería y que, si se sentaba y se quedaba inmóvil, no habría más pisadas.
>
> ZHUANGZI, «La parábola de la sombra»

Cuando no te aceptas, te rechazas. Rechazas la niña que fuiste, y la persona que serás.

Aceptar no es que te guste todo de ti ni trabajar para ello. Aceptar es asumir que habrá cosas que no te gusten, pero que simplemente estén ahí.

La voz más importante es la tuya; debes dejar de dársela a los demás. Se trata de escucharte de forma saludable para ofrecerte lo que necesitas. Cuando no te aceptas, no te escuchas a ti; escuchas a la autoexigencia, la perfección, las creencias autoimpuestas, aprendizajes que no son tuyos, etc.

La autoaceptación es la llave al camino de tu libertad y tu bienestar. No se puede trabajar sin antes haber conseguido la aceptación. Existen algunos factores que pueden provocar que no la alcances:

Falta de motivación y desesperanza: Ausencia de ganas o energía ante la situación externa. No te apetece hacer planes, salir; no hay deseos. Muchas veces, sentirte así está ligado a la no aceptación de la situación. Por ejemplo: «Yo siempre seré así, gorda e infeliz», «No puedo conseguir nada si estoy así», «Necesito cambiar mi cuerpo para ser feliz, pero no puedo».

Creer que, hagas lo que hagas, no puedes cambiar la situación, ya sea porque sientes que todo irá bien y confías en esa «magia», o porque te sientes impotente ante ella y crees que no podrás. Aquí habría que hacer un trabajo para recolocar los límites propios, ya sea por ausencia o exceso, y poder identificarlos y reconocerlos. Por ejemplo: «No puedo hacer nada para cambiarme», «La vida va en mi contra; no voy a ir yo en contra de ella», «Todo funcionará solo».

Falta de flexibilidad: La rigidez mental dificulta llegar a la aceptación. Si sueles creer que la tuya es la única forma correcta de hacer las cosas, en muchas ocasiones te costará aceptar, porque no siempre estarás de acuerdo con la realidad que te ocurre. Además, la rigidez o falta de flexibilidad es un rasgo que se ve en muchas áreas de la persona, pero se intuye muy bien en la no aceptación del cuerpo. Por ejemplo: «No pienso hacer caso cuando me dicen que tengo que aceptar mi cuerpo así; mi hermana es delgada», «No creo en esas tonterías», «Solo yo sé por lo que estoy pasando y descubriré qué hacer», «Me niego a no hacer dieta, aunque me digan que no está sirviendo».

Falta de individuación: Ser tú como individuo, con tus individualidades. Para aceptar tu realidad, debes vivir tu realidad. Cuando te fusionas con los demás, es difícil conseguirlo, porque no está claro cuándo acaba la tuya y cuándo empieza la de la otra persona. Sería el ejemplo de las personas dependientes, muy cuidadoras. No saben dónde empieza y termina su vida junto con la del otro, por ejemplo.

Vivir en el pasado: Quedarte anclada en el pasado, lejos de estar en el presente, así como las heridas o los traumas, limita el proceso de aceptación; por ello, es importante, muchas veces, hacer un proceso terapéutico previo. Por ejemplo: es muy común quedarte anclada en cuando eras delgada, como si no hubiera un presente con el que interactuar.

Vivir en el futuro: Lo mismo ocurre con vivir en el futuro. Que solo pienses en las cosas que podrían pasar en el futuro, ya sean buenas o malas, te aleja de la realidad presente, y también de la aceptación. Por ejemplo: pensar cómo serás en el futuro te aleja de lo que eres hoy y hace que no le des importancia. También ocurre cuando dices: «Cuando adelgace, iré a la playa», «Este año estaré mucho más delgada», etc.

Cuando aceptas tu cuerpo, dejas de intentar cambiarlo.
Cuando te aceptas a ti, dejas de machacarte.
Pero aceptar no es sinónimo de resignarse. Es importante valorar las diferencias para conseguir la aceptación verdadera.

Aceptación vs. *Resignación* vs. *Conformismo*

ACEPTACIÓN
Responsabilidad: Aceptas y te haces responsable de las circunstancias (lo que no significa que seas culpable). Sientes empoderamiento, entusiasmo.
Proactividad: Comienzas a movilizarte para llegar a X objetivos.
Motivación: Por querer avanzar, cambiar y sentirte mejor con las circunstancias
Evolución: Avanzas, cambias y actúas en función de esas circunstancias, evolucionando y creciendo.

RESIGNACIÓN
Victimismo: Crees que no puedes cambiar ni hacer nada con tu vida. Sientes frustración e impotencia, negatividad.
Pasividad: No haces nada; eres un ente pasivo ante la circunstancia.
Desmotivación: Por no haberlo elegido y creer que no podrás hacer nada ante ello.
Revolución: Comienza un tira y afloja entre la situación y tú. En ella, y desde esta perspectiva, nunca se es ganador.

CONFORMISMO
Pasividad: Priorizar la comodidad de la zona de confort y de lo conocido. Quizá la cuestión no es que no puedes, sino que no quieres. Sientes pasividad y falta de energía para el cambio.
Falta de iniciativa: No haces nada. Estás cómoda aquí. Falta de deseo. En ocasiones produce una anulación de tu imaginación, una disminución de la creatividad y una ausencia de deseos, metas, sueños o representaciones imaginarias del futuro.

Fuente: M. del Álamo y M. Vitoria, *Mi ciclo menstrual. Una perspectiva integral: psicología y nutrición*, 2022.

No juzgarte

Cuando hay una historia de juicio o rechazo en la que no se te ha valorado; cuando no había elogios ni refuerzos, o había mucha exigencia o perfección; cuando se te valoraba más por lo que conseguías que por lo que eras en realidad, o, por el contrario, se te criticaba o castigaba por lo que eras o hacías; cuando solo se hablaba de tu físico y de cómo cambiarlo, como si no fueras nada más, es normal que no hayas aprendido de forma correcta el valor que tienes y que tiendas a juzgarte de manera constante.

Si ha ocurrido esto, debes aprender a reconciliarte contigo para generar una nueva imagen de ti. Debes cambiar tu juez interno, aprender que no necesitas juzgarte ni cambiarte porque tú sola eres valiosa por el único hecho de existir, porque no hay nadie como tú. Eres única. No necesitas cambiarte ni ser la extensión de nadie.

Cuando creces con mandatos de perfección y exigencia, ya sea contigo o con tu cuerpo, piensas que solo serás válida y valiosa si consigues llegar a ellos. ¿Cuántas veces no te has negado un plan porque tu cuerpo no estaba lo suficientemente bien? ¿O cuántas veces te has negado a darle de comer, pasando hambre, porque no era lo suficientemente delgado? Sin embargo, no te has parado a pensar que quizá tu cuerpo, siendo como es, ya es suficiente y valioso.

La perfección es una irrealidad, difícil de conseguir y muy frustrante. La perfección no existe. Porque ¿qué es ser perfecta? Algo subjetivo y cambiante no puede ser una meta, porque nunca la alcanzarás, lo que te llevará a un bucle de insatisfacción.

Debes aprender a mirarte como si fueras tu mejor amiga, que te ve y sabe lo que le gusta de ti y lo que no, pero no te cambia, no te juzga, simplemente te acepta.

Tu amor propio es incondicional. Sin condiciones. Conseguir conocerte (y escucharte, como decía antes) ayuda a ofrecerte una imagen tuya real y sin distorsiones, «borrando» lo aprendido.

Te animo a practicar el no juzgarte y no criticarte. Por aquí comparto contigo unas frases que puedes interiorizar para trabajar tu juez interno y tu herida:

- ✓ Es normal fallar.
- ✓ No lo estás haciendo mal, y si lo haces no pasa nada.
- ✓ Te acepto como eres.
- ✓ Mi amor hacia ti es incondicional; no tienes que cambiar para que te quiera.
- ✓ Te quiero como eres.
- ✓ Tú no eres los demás; eres tú.
- ✓ Tienes cualidades maravillosas.
- ✓ No tienes que ser perfecta.
- ✓ Las debilidades están bien.

¿Se te ocurre alguna más que hubieras necesitado o necesites escuchar?

Conviértete en tu mejor amiga

> Tú mismo, al igual que cualquier otra persona en el universo, te mereces tu propio amor y afecto.
>
> Buda Gautama

Las amigas no están ciegas; las amigas ven todo de ti, pero te quieren y te aceptan, sin juicios ni críticas. Debes empezar una nueva relación contigo, bonita, compasiva y de amor incondicional.

Algunas cosas que puedes cambiar para comenzar a ser tu mejor amiga son:

- ✓ Hablarte con respeto.
- ✓ Estar disponible para ti.
- ✓ No maltratarte ni juzgarte.
- ✓ Asumir la responsabilidad afectiva contigo misma.
- ✓ Escuchar tu malestar.
- ✓ Darte lo que necesitas.
- ✓ Comprenderte.
- ✓ Amarte incondicionalmente.
- ✓ Respetarte.
- ✓ Dialogar contigo y conocerte.
- ✓ Entenderte.
- ✓ Darte la oportunidad de fallar.
- ✓ Perdonarte.
- ✓ Cambiar.

Abrazarte

> Si supiera que hoy fuera la última vez que te voy a ver dormir, te abrazaría fuertemente y rezaría al Señor para poder ser el guardián de tu alma.
>
> GABRIEL GARCÍA MÁRQUEZ

Cuando durante tantos años te has maltratado, te has desconectado de ti y te has juzgado, has generado una relación de desconfianza contigo misma que hay que sanar.

Cuando te abrazas, aprendes a darte el cariño y el valor que te mereces, a estar en brazos cálidos y a autoprotegerte. Cuando te abrazas, no te juzgas. Aceptas sin juicio de valor, te acompañas y tomas decisiones.

Cuando te abrazas a ti o a tus emociones, aprendes a sostenerlas, independientemente de si te gustan más o menos. Las transitas.

Abrazarte a ti misma de forma literal ayuda a conectar contigo y tu cuerpo.

Abrazarte de forma emocional ayuda a aceptarte y saber que todo está bien.

Un abrazo enriquece el alma. Imagina su sensación de calidez, de seguridad. Evoca esa sensación en ti y para ti.

¿Te has dado alguna vez un abrazo a ti misma? Te propongo un ejercicio para que practiques el conectar contigo y con tu cuerpo; para que sientas la calidez de un abrazo, pero contigo misma.

EJERCICIO
Aprende a abrazarte

- Localiza un lugar tranquilo, bonito, en el que puedas estar calmada y a gusto contigo misma. Procura que no haya ruido y estés a solas.
- Siéntate donde puedas estar y sentirte cómoda. En el suelo, en el sofá, en la cama...
- Coge tu móvil y busca una música relajante. Elige la que prefieras, con o sin letra, de algún autor conocido o no; la que en ese momento esté bien para ti. Si es calmada y emocional, te ayudará a conectar de una forma más sencilla. Póntela.
- Estira el cuerpo, desténsalo. Desperézate.
- Haz tres respiraciones profundas para conectar con la calma, inhalando fuerte y exhalando fuerte. Céntrate en cómo entra y sale el aire de tu cuerpo.
- Ahora pon los brazos en cruz. Pasa uno de ellos por delante hasta llegar al hombro contrario, y haz lo mismo con el otro

hasta alcanzar el otro hombro; quedarán entrelazados en tu pecho para darte un abrazo a ti misma.
- Permanece unos instantes así, conectando con tus brazos y tu respiración. Conecta haciendo respiraciones profundas, de tal modo que cuando inspires y cojas aire, inflando la barriga y el pecho, ese abrazo apriete más y sientas cómo conectas contigo.
- Puedes incluso añadir caricias a tus brazos mientras los tocas.
- No juzgues los pensamientos que salgan; tampoco te quedes en ellos: déjalos que se vayan.
- Puedes imaginarte algún paisaje agradable o alguna situación que te evoque bienestar.
- Quédate ahí unos instantes, sin prisa.
- Una vez que termines, abre poco a poco los ojos y conecta de nuevo con tu cuerpo y la habitación en la que estás.
- ¿Cómo te has sentido? ¿Qué decía tu mente? ¿Qué decía tu cuerpo?
- Vuelve a practicar cuando lo necesites.

COSAS QUE HACES SIN QUERER Y EMPEORAN LA RELACIÓN CON TU CUERPO (SOBRE TODO EN EL PROCESO DE SANACIÓN)

1. Seguir cuentas en redes sociales que promueven el culto al cuerpo y el rechazo a la diversidad corporal.

2. Seguir cuentas que presentan recetas enfocadas al mundo fit y a perder peso, en las que se restringen alimentos saludables y que tienen un enfoque obsesivo.

3. Utilizar productos «milagro»: cremas anticelulíticas, pastillas quemagrasas, infusiones que prometen cosas, etc.

4. Hacer dietas restrictivas.

5. Obligarte a pasar hambre porque no te crees merecedora de comer bajo tus necesidades reales.

6. Obligarte a practicar ejercicios que no te gustan solo para cambiar tu cuerpo, en lugar de elegir aquellos que te gustan porque no cumplen lo que «debería ser», centrándote en una mirada de cambio de cuerpo y no de salud.

7. Tapar tu cuerpo con ropa que no te guste solo porque es ancha.

8. Usar fajas y prendas que modifiquen tu cuerpo y te generen incomodidad.

9. No mirarte.

10. No ponerte cremas para no tocarte.

11. Pasar calor en verano para no destaparte más.

¿Se te ocurre alguna más? Te animo a que pienses en las tuyas propias y las anotes.

11

Cambia contigo y con los demás

Seguro que alguna vez has sentido que alguien hacía comentarios sobre ti, tu cuerpo o algo que tenía que ver contigo, y te has sentido incómoda con ello, como si invadieran tu intimidad o una parte de ti, como si te faltaran al respeto. Esto es más común de lo que crees, y es necesario trabajarlo para sentirte bien y fortalecer tu autoestima. Aprender a marcar límites promueve que te entiendas y te protejas, que te cuides y te abraces. Consiste en construir la valla de tu casa para proteger tu intimidad y protegerte a ti. Para mejorar la relación contigo y con el resto, es muy importante pasar a la acción y cambiar pequeñas cosas que pueden hacerte sentir mal. ¿Te animas a trabajarlo conmigo?

LÍMITES CON TU CUERPO Y EL RESTO: MARCAR LÍMITES Y RECIBIRLOS

Marcar límites y saber recibirlos es superimportante, porque significa abogar por tu respeto y cuidado. Es una manera de protegerte, cuidarte y quererte.

Poner límites no es:

- Ser cabezota y no escuchar a los demás, imponiendo tu forma de pensar como única opción posible y sin dar

espacio a la escucha activa ni a ver qué quieren decir los demás.
- Ser sincero con mala educación. Tampoco es hablar con sinceridad sin dar importancia a cómo pueda sentirse la otra persona.

Poner límites es una acción que consiste en hacer ver al resto de las personas y a ti misma (sí, a veces tienes que ponerte límites a ti misma, porque, amiga, nadie como una misma para ser la peor enemiga que se pueda tener) qué quieres y necesitas, aunque sea diferente de lo que quiere y necesita la otra persona. Con educación y empatía.

Aquí es importante el término «respeto». Ya que abogas por dar espacio a tus necesidades y deseos, sin olvidarte de los de los demás, pero priorizando tu bienestar (que a veces se olvida y se deja de lado), la idea sería expresar lo que necesitas y quieres, pero respetando lo de los demás.

A veces, esto es tarea difícil porque TE OLVIDAS DE TI. Cuidar a los demás es fácil, pero cuidar de ti se vuelve un camino complicado. Por ello, comenzar a marcar límites es un trabajo que te acerca al camino de tu bienestar personal.

Poner límites es colocar una línea para que no sea traspasada. Por los demás, pero también por ti misma.

Pero ¿qué tiene que ver esto con el cuerpo?

Cuidar de ti es controlar los comentarios ajenos sobre ti y sobre tu cuerpo, es no dejar que otros entren por ahí haciéndote sentir mal y causándote daño. Lo sé, sé que estás pensando que es fácil decirlo, pero no tanto hacerlo. Sin embargo, hacerlo es importante para conseguir crear tu espacio personal: un refugio en el que te sientas protegida emocional, mental y físicamente.

Poner límites implica saber escuchar tus necesidades y darles prioridad.

Jimena es una mujer de treinta y siete años que vive con su familia: su marido y su hija. No tiene un cuerpo normativo ni lo tuvo nunca. Desde pequeña, Jimena tuvo que soportar comentarios de sus compañeros, y también de su familia, en su propia casa. Su madre siempre le hacía ver lo gorda que estaba, lo fea que iba vestida o lo mal que le quedaba la ropa. Si se hacía un peinado nuevo, la madre le decía lo mal que le quedaba o lo poco que le gustaba. Si se compraba ropa, también estaba descontenta con lo mal que había elegido. Si venía alguna amiga a casa, la madre se encargaba de hacerle ver lo diferente que era de sus amigas y lo muy por debajo que estaba de ellas. Siempre halagaba a los demás antes que a ella.

Jimena creció en un ambiente de exigencia y perfección que nunca «llegó a conseguir». Nada era suficiente. Hiciera lo que hiciese, nunca le bastaba a su madre.

Jimena creció y se independizó. El simple hecho de irse de casa ya le ayudó a marcar los límites físicos que necesitaba.

Sin embargo, aun independizada, la madre sigue haciéndole comentarios de ese tipo sobre su cuerpo, su ropa, su forma de vestir; incluso sobre la educación de su hija. Así pues, Jimena, aun sin vivir con ella, sigue teniendo que oír este tipo de críticas. A veces, los límites físicos no son suficientes. A veces, no todo es levantar un muro, así que Jimena tenía que aprender a marcar límites emocionales.

¿Qué puede limitarte a la hora de poner límites?

Seguro que has experimentado alguna vez esa limitación o esa sensación, que es precisamente lo que te dificulta poner en práctica este marcaje de límites. Quiero que te pares a pensar un segundo: ¿qué crees que te paraliza? ¿Lo has localizado?

Estos son algunos de los motivos que pueden frenarte:

Miedo al rechazo: Uno de los motivos que suelen darse es el miedo al rechazo. Miedo a que, si dices que no o marcas límites expresando qué es importante para ti, la otra persona se enfade y te rechace, y te quedes sola y sintiéndote muy mal. Esto conecta muy directamente con los capítulos sobre las heridas, el apego y demás.

> *Ejemplo: Jimena tiene miedo a marcar límites porque su madre siempre le repetía frases del tipo: «Si sigues así te vas a quedar sola», «Con ese cuerpo nadie te querrá»... Eso no es cierto, pero ella lo ha interiorizado tanto que ha configurado ese pensamiento como real. Ahora su mayor miedo es ese.*

Necesidad de complacencia: Si asocias que complacer es la forma que tienes de recibir amor y cariño de los demás, es normal que creas que esta es tu herramienta para conseguirlo.

> *Ejemplo: Cuando Jimena era pequeña, veía que la única manera de que su madre no la regañara ni juzgara su cuerpo, e incluso de que la reforzara, era complacerla y ser «la niña buena». Incluso oía a la madre halagarla en corrillo junto con el resto de las madres.*

Exceso de implicación: Otro es el exceso de cuidado e implicación hacia los demás. Si adoptas el rol de cuidadora o de salvadora, lo más probable es que tu única meta sea salvar y cuidar al otro, dejándote de lado a ti misma porque consideras que tú no eres tan importante, que no te necesitas. Tú puedes ayudar, pero no puedes hacerte cargo de absolutamente cada problema que tienen los que te rodean. Tú puedes ayudar, pero no tienes que salvar a todo el mundo. Tú puedes ayudar, pero no debes olvidarte de ti.

> *Ejemplo: Jimena siempre había estado dispuesta a ayudar a su madre. La ponía por encima de todo. Esa educación le había hecho fusionarse con ella, implicarse siempre en exceso y olvidarse de sus necesidades. Lo que empezó por chantaje y miedo ahora es un hábito que sale sin pensar.*

Error de prioridades: Otro puede ser que priorices a los demás antes que a ti misma. Cuando no eres consciente de tus necesidades, no las escuchas o no les das importancia, cuando aprendes que lo único importante es lo que los demás necesitan, es lógico que no sepas priorizar qué necesitas o quieres. Seguro que, si te paras un segundo a reflexionar, te salen algunos mandatos como «Debo hacerlo para ser buena amiga», «Si no, no seré buena hija», «Soy una mala persona» o «Soy egoísta».

Al igual que hablábamos de que trabajar tu autoestima no es ser egoísta, marcar límites y priorizarte tampoco lo es. De hecho, es una herramienta clave que poner en práctica para trabajar tu amor propio.

Miedo al conflicto: Las situaciones de conflicto son situaciones de tensión, y no dejan de ser incómodas y desagradables, lo que promueve que a veces se eviten y no se consiga poner límites precisamente por el malestar que generan.

> *Ejemplo: Jimena no quiere discutir con su madre, ya que suele montarle un circo, así que le es más sencillo no marcar límites que tener que escucharla después. Sin embargo, no marcarlos tampoco le evita tener que escucharla.*

Mala gestión emocional: Los límites están directamente relacionados con las emociones, ya que estas son las que te avisan de que algo va mal para que puedas cambiarlo. Por ello, si no tienes una buena gestión (o conocimiento) emocional, te será difícil identificar y poner límites.

Problemas de identidad: Si no sabes quién eres, es difícil actuar dando prioridad a lo que necesitas. No podrás priorizar lo que quieres o lo que necesitas si sencillamente no lo sabes. Por eso, conocerse es primordial. Aquí las emociones también desempeñan un papel importante, porque son las que te avisarán de que algo no te está gustando y de que toca preguntarse e indagar el qué y el porqué. Cuando cuidas, puedes perder tu identidad personal para quedarte solo con la de cuidadora.

Poner límites es un gesto de respeto hacia ti e, indirectamente, también te respetarán los demás.

¿Por qué poner límites es fundamental para mejorar la relación con una misma?

Ayuda a que tu autoestima sea equilibrada: Solo por el simple hecho de darte tu lugar, de priorizar lo que necesitas, de no ponerte detrás del resto, te sentirás mucho mejor, directa o indirectamente, y eso reforzará tu autoestima. Por otro lado, darás valor a quien eres, seas como seas, y comenzarás a ser importante para ti. Porque, cuando te olvidas de poner límites, no te das el valor que te mereces, sino que se lo das al otro.

Cuando marcas límites es como si te invadiera una sensación de calma y de liberación, ya que una parte de ti se siente tranquila y ya no tiene que estar hipervigilante hacia los demás o lo demás.

También la autoestima se refuerza, porque te liberas de la culpa. Cuando vives a expensas de los límites de otros, sin darte importancia a ti, en muchas ocasiones puedes sentir culpa: culpa porque no era lo que se esperaba de ti, culpa por creer que no eres suficiente, culpa por no cumplir con las expectativas de los demás; en definitiva, por hacer sin escucharte a ti misma.

Te ayuda a conocerte: Como leías antes, un motivo importante para no marcar limites es no conocerte, no saber qué quieres o qué necesitas, etc. Así, se puede ocasionar un círculo vicioso eterno: como no me conozco ni conozco mis necesidades, no marco límites ni me priorizo. Como no me priorizo ni marco límites, no me conozco ni conozco mis necesidades. Necesitas cortar con ese círculo vicioso. Marca límites y comienza a preguntarte por tus necesidades. No dudes en hacerte mil preguntas, en plantearte todo el rato: «¿Qué me hace sentir bien?», «¿Qué está bien para mí?», «¿Qué necesito en este momento?», «¿Qué quiero?», «¿Qué NO quiero?».

Cuando conoces a una persona, lo primero que haces es preguntar cosas para conocerla y saber más de ella. ¿Por qué no lo haces contigo? El ejercicio de conocerse dura toda la vida, ya que somos seres cambiantes; no somos estáticos, sino dinámicos, y vamos al son de las vivencias y el tiempo. Por ello, no te limites a preguntarte una vez: permanece en constante cuestionamiento positivo hacia ti. Si conoces mejor a los otros que a ti, tu trabajo se centrará en atender sus necesidades, no las tuyas. Pregúntate para conocerte y saber lo que necesitas para dártelo.

Conocerte te lleva a ofrecerte lo que necesitas.

Mejora tu relación con los demás: Leías lo importante de marcar límites para mejorar la relación contigo, pero también es esencial mejorar la relación con los demás y elegir relaciones sanas y equilibradas, que te sumen y no te resten.

Cuando nos relacionamos, buscamos relaciones desde lo igual. Es una balanza que debe estar equilibrada para mantenerse estable y sana. Sin embargo, algunas veces, o con algunas personas, no pasa. La balanza se desequilibra y tú sueles dar más, o entrar en funcionamientos desde algún rol. Pero, claro, a cambio no recibes lo mismo. Y creyendo que es tu culpa, y que no recibes por ti, comienzas a dar aún más para intentar (spoiler: de forma incorrecta) equilibrar la balanza; pero ocurre lo contrario y esta pesa todavía más en tu contra.

Esta desigualdad puede producirte mucho malestar, frustración, ansiedad e insatisfacción personal.

Debes buscar personas con las que mantener la balanza equilibrada, con las que tú también seas importante. Decir adiós y marcar límites es una liberación, aunque al principio asuste.

Marcar tus límites y aprender a aceptar el que pongan los demás da como resultado relaciones equilibradas y saludables, que no te generan malestar y te ofrecen estabilidad.

Marcar límites y aceptarlos te acerca a ser respetada, respetar a los demás y respetarte a ti misma.

Aprende a poner límites

Poner límites no es fácil, sobre todo si nunca has aprendido a hacerlo o tu contexto no te ayuda a ello. Muchas veces puede relacionarse con la dependencia emocional o un apego ansioso (si no te acuerdas de qué es, corre hacia el apartado en el que hablábamos de él). Así pues, si ves que tú sola no puedes, pide ayuda profesional: te alegrarás de haber podido hacerlo y que alguien te guíe en el camino.

Ahora sí, antes de aprender algún ejercicio, ¿qué cosas es

importante tener en cuenta para potenciar tus límites y tu autorrespeto?

Ten paciencia: Nada se cambia en un segundo, y menos cuando lleva practicándose toda la vida. Visualiza que se trata de un camino de aprendizaje y no de un cambio espontáneo de un día para otro. Además, como te decía, es un camino que dura toda la vida; siempre habrá situaciones conflictivas que te activen o personas transgresoras de tus límites, pero, a medida que practicas el poner límites, se vuelve cada vez más fácil.

Por cierto, que alguien transgreda tus límites alguna vez o tú los suyos no es algo eliminatorio; muchas veces ocurre por desconocimiento. Por ello, es importante que aprendas a ponerlos y a aceptarlos, para que, juntos, se cree una relación saludable.

La asertividad como herramienta: ¿Cuándo fue la última vez que dijiste que no? ¿Cuándo fue la última vez que dijiste que no sin culpa y no pensaste si tendría consecuencias para ti?

Según la RAE, una persona asertiva es aquella capaz de expresar su opinión de manera firme. Es decir, se trata de una habilidad que se puede aprender para comunicar dando prioridad a tus opiniones, necesidades y emociones, con educación y firmeza, sin agresividad ni hostilidad. Muchas personas nacen con esta habilidad innata; otras deben aprenderla, y no pasa nada.

Hay tres estilos comunicativos:

- **Pasivo:** Asumes los sentimientos y opiniones de los demás, y tu estilo comunicativo tiene silencios y evitaciones. Das la razón sin pensar en ti.
- **Pasivo-agresivo:** Contestas desde esa pasividad intimidante: «Tú sabrás», «A mí me da igual; haz lo que te dé

la gana», «Si es lo que quieres para ti...». Dices una cosa, pero tus actos, palabras y emociones dicen otra.
- **Agresivo:** Hay amenazas, insultos, rabia; te olvidas de la responsabilidad afectiva y marcas límites solo pensando en tus sentimientos o pensamientos.
- **Asertivo:** Tienes en cuenta tus emociones y necesidades, sin olvidarte de las de los demás. Tándem perfecto.

Fíjate en este ejemplo y en cómo cambia una frase al decirla de forma asertiva:

> Jimena quiere comunicarle a su madre que deje de hacer comentarios sobre su cuerpo, porque le hace daño y después se siente muy mal, así que puede hacerlo de cuatro formas:
>
> – Forma pasiva: No hace nada y baja la cabeza con resignación y malestar.
> – Forma pasivo-agresiva: «Perdona por no ser tan perfecta como tú».
> – Forma agresiva: «Déjame en paz. ¡Tú sí que estás gorda!».
> – Forma asertiva: «Mamá, agradecería mucho que dejaras de hacer comentarios sobre mi cuerpo; me hace sentir muy mal. Mi salud es mi responsabilidad y la estoy cuidando; no es sinónimo de delgadez o gordura».

Recuerda: la asertividad y el marcaje de límites están íntimamente relacionados con la responsabilidad afectiva. Esta consiste en asumir la responsabilidad de cómo se puede sentir la otra persona acerca de tus actos. La responsabilidad afectiva es mutua: de ti para mí, de mí para ti.

Tu decisión, no la de los demás: Cuando creces sin saber tus necesidades o en un ambiente en el que has aprendido que los demás deben decidir por ti porque lo que tú decidas, hagas u opines no es importante, es normal que te cueste poner límites y dar valor a lo que realmente sientes. Responsabilizarte de lo que tú quieres, de lo que está bien para ti, te acerca a la libertad de ser, estar y vivir.

Las creencias: Como explicaba en el apartado del estilo de creencias, estas son algo importantísimo en tu forma de vivir y afectan a tu guion de vida y a las decisiones que tomas respecto a él. La educación, las normas no escritas, la cultura y los aprendizajes hacen que vivas como vives y decidas como decides. Cuando no marcas límites, cuando cedes de más, cuando te exiges demasiado, cuando crees que no eres válida, etc., detrás hay creencias que sustentan esas ideas y comportamientos que las retroalimentan. Si tú crees que tu amigo es mejor que tú, es raro que te salga solo marcar límites. Si Jimena cree que su madre lleva razón y que quién es ella para contradecirla, es raro que marque límites.

Conoce y aprecia tus derechos: Tú, yo y todo el mundo tenemos una serie de derechos que deben ser respetados, aceptados y no vulnerados. A veces serán otros quienes no los tengan en cuenta; otras veces serás tú quien no tenga en consideración los de otros. Conocer y reconocer tus derechos hace que aprendas a darles importancia y a otorgarles el espacio que necesitan para ser defendidos y respetados. En el libro de Olga Castanyer *La asertividad: expresión de una sana autoestima*, se menciona una serie de derechos asertivos que debes y deben respetar y tener en cuenta. ¿Con cuál te sientes identificada?

- El derecho a ser tratado con respeto y dignidad.
- El derecho a tener y expresar los propios sentimientos y opiniones.

- El derecho a ser escuchado y tomado en serio.
- El derecho a juzgar mis necesidades, establecer mis prioridades y tomar mis propias decisiones.
- El derecho a decir «NO» sin sentir culpa.
- El derecho a pedir lo que quiero, dándome cuenta de que también mi interlocutor tiene derecho a decir «no».
- El derecho a cambiar.
- El derecho a cometer errores.
- El derecho a pedir información y ser informado.
- El derecho a obtener aquello por lo que pagué.
- El derecho a decidir no ser asertivo.
- El derecho a ser independiente.
- El derecho a decidir qué hacer con mis propiedades, cuerpo, tiempo, etc., mientras no se violen los derechos de otras personas.
- El derecho a tener éxito.
- El derecho a gozar y disfrutar.
- El derecho a mi descanso y aislamiento, siendo asertivo.
- El derecho a superarme, aun esperando a los demás.

Jimena, en terapia, aprendió a marcar límites y a escoger su lugar, a saber qué era lo que no quería. Tenía claro que no quería pasarse toda la vida a merced de su madre y expuesta a su opinión sin poder hacer nada, sintiéndose vulnerable y atada de manos como si fuera culpable. En terapia pudo trabajar los límites y alejarse de las expectativas de su madre para acercarse a las suyas. Jimena no ha venido a este mundo a satisfacer las expectativas de su madre acerca de tener una hija, o acerca de cómo iba a ser su hija. Jimena no es una extensión de la madre; es ella misma.

Después de trabajar ese marcaje de límites, entre otros muchos objetivos terapéuticos, Jimena comenzó a sentir liberación: «¿Sabéis cómo es tomar decisiones sin pensar si te van a castigar después con indiferencia o manipulación?», «No sabía que podía sentirme tan bien hasta que lo hice», «El miedo me paralizaba, pero ha merecido la pena enfrentarse a él».

Jimena aprendió a decir que no, a no tolerar las órdenes, a no ir tanto a casa de su familia, a cuidar más de sí misma y de la suya; aprendió a comunicar con asertividad pero empoderamiento; trabajó la culpa y las emociones asociadas. Ahora Jimena maneja la situación, y no la situación a ella.

Técnicas para marcar límites y decir que no de forma asertiva

Por aquí te dejo algunas técnicas que pueden ayudarte a marcar límites y ser asertiva, con ejemplos, dando importancia a decir «no». Yo las uso mucho en consulta y las practico también en mi vida diaria.

Recuerda: marcar límites es dar color, importancia y voz a tu opinión. No quieres cambiar la de la otra persona, sino que respete la tuya.

Técnica del disco rayado

Esta técnica me encanta, es muy simple pero divertida. La usarás con aquellas personas insistentes, muy insistentes. Si la persona es insistente, tú más. Así pues, repetirás tu defensa y argumentación de la misma forma todo el rato. Eso sí, con calma. No pierdas los nervios; estate segura y no te dejes llevar por la manipulación o las respuestas hostiles de la otra persona. Veamos un ejemplo:

—¿Por qué no te vienes al gimnasio conmigo? Te vendrá bien.

—No, muchas gracias; ya voy a mis clases de baile y me encantan.
—Pero te va a venir genial; seguro que te ayuda a perder peso.
—No, muchas gracias; ya voy a mis clases de baile y me encantan.
—Pero eso no sirve de nada; el gimnasio sí cambia tu cuerpo de verdad.
—No, muchas gracias; no quiero cambiar mi cuerpo. Quiero divertirme, desconectar y estar sana y feliz; ya voy a mis clases de baile y cumplen todo eso.
—…

Técnica del sándwich

Esta técnica es de mis favoritas, sin duda. Amoldándola al contexto, funciona casi en cualquier situación. Consiste en hacer un sándwich: (tapa) algo positivo o agradecimiento + (contenido del sándwich) el mensaje que quieres dar + (tapa) cierre positivo o alternativa.

Algo positivo + mensaje + alternativa o mensaje positivo

Veamos un ejemplo:

—¿Por qué no te vienes al gimnasio conmigo?
—Mil gracias por invitarme; me halaga mucho que quieras que vaya contigo. Sin embargo, no es algo que me apetezca mucho en este momento ni que sea para mí ahora, pero si quieres podemos ir juntas esta tarde a hacer algún otro plan.
—Me parece genial, podemos ir al cine.
—…

Técnica del banco de niebla

Esta técnica consiste en darle la razón a la otra persona, pero sin entrar en ello y, por supuesto, sin llevar a cabo la acción. Consiste en decir frases estratégicas sin ceder en tu opinión inicial. Cuando leas el ejemplo verás que es un poco «diálogo de besugos». Quizá no es la técnica más fácil de poner en práctica si aún no tienes practicados los límites, porque podrías fusionarte y dudar. Te recomiendo que indagues si está bien para ti ponerla en práctica y, si no, la dejes para otro momento. Veamos un ejemplo:

—Uy, qué mal te queda esa falda. Estarías mejor si adelgazaras un poco.
—Sí, quizá he subido un poco de peso estas últimas semanas.
—Deberías volver a hacer la dieta de ese nutricionista al que fuiste.
—Sí, es cierto que si como menos adelgazo.
—Además, ir al gimnasio te ayudaría a adelgazar.
—Sí, es verdad que puedo ir al gimnasio.
—…

EJERCICIO
Marcar límites

Voy a dejarte un ejercicio para que puedas identificar la situación que necesita límites y los diferentes campos que rellenar. Te animo a que leas el ejemplo y trates de buscar otros ejemplos y practicar.

SITUACIÓN
Jimena está en casa con su madre, que los ha invitado a comer. La madre está preparando macarrones al horno, una de las comidas favoritas de Jimena. Sin embargo, para ella ha preparado un guisado de verduras, y le dice: «No puedes comer macarrones; tienes que cuidarte un poco».
QUÉ HICE
Cuando Jimena oye a su madre decirle que su plato es otro, cabizbaja y asumiendo con resignación la situación, comienza a comer su plato. No rechista, no dice nada; simplemente come, asumiendo que es «lo que le toca».
EMOCIONES, SENSACIONES Y PENSAMIENTOS
Emoción: Jimena se siente triste, resignada, vulnerable, con rabia y mucha pena por tener que vivir esa situación. Siente vergüenza porque su pareja lo está viendo todo y, aunque llevan años juntos y están casados, para ella es una situación compleja. Pensamiento: Piensa que ella no es merecedora de comer, aunque también tiene pensamientos que chocan con ello y quiere su plato rico de macarrones. Se queda con muy mala sensación, y dice que no es justo para ella.
CAMBIO: RESPUESTA ASERTIVA
Jimena pone en práctica una técnica aprendida en terapia: la técnica del sándwich. Así pues, le responde a su madre: «Gracias, mamá, por preocuparte por mí y por mi salud; sé que me quieres (positivo), pero yo soy responsable de mi salud y sé cuidarme sola. Además, has de saber que estoy sana, así que me encantaría comer mis macarrones también (mensaje). Si quieres, en otra ocasión podemos comer todos ese guiso de verduras que tiene tan buena pinta» (cierre positivo / alternativa).

Recuerda: no solo es importante poner límites, sino también saber aceptar los de los demás. Si alguna vez te ponen límites, debes aprender a respetarlos y aceptarlos. Esto no es sinónimo de que no valgas o no te quieran, sino de que lo que sucede en ese momento no está bien para esa persona, y no pasa nada. Detectar las emociones que salen puede ayudarte a abrazarlas, entenderlas y gestionarlas.

Límites contigo misma

No solo es importante poner límites a los demás y saber decir «NO», sino también ponértelos a ti misma. Eso implica asegurarte el respeto que te mereces y aprender a tratarte y cuidarte como lo harías con una persona a la que amas. ¿Qué puedes hacer?

- Dejar de seguir o silenciar a personas que te hacen daño en las redes sociales.
- Priorizar descansar y dejar la «productividad» de lado (lo pongo entrecomillado porque no hay nada más productivo para tu salud que cuidarte y descansar).
- Separarte de las tecnologías y apagar las notificaciones. Tú marcas tus tiempos, no las alertas de tu teléfono.
- No dar más de lo que puedes y quieres dar: no cuidar en exceso, contestar cuando puedas, hacer favores si tienes energía para ello, etc.
- No permitirte hablarte con desprecio, juicio ni odio.
- Buscar tiempo para pasar a solas contigo.
- Abrirte y compartir tus emociones y pensamientos solo si lo deseas.
- Dar espacio y prioridad a tu intimidad.

¿Se te ocurre de qué manera puedes marcarte límites a ti misma?

AUTODIÁLOGO Y AUTOCOMPASIÓN

>Te sientes principalmente de la forma en que piensas.
>
>ALBERT ELLIS

Cambia cómo te hablas para cambiar cómo te ves. Es muy difícil que comiences a aceptarte hablándote mal. Párate un segundo a analizar qué cosas te dices en el día a día, cómo sueles hablarte. De hecho, te invito a poner el marcapáginas y regalarte veinte segundos para pensar en ello. Seguramente este diálogo interno es muy diferente al que mantendrías con tus amigas o tus seres queridos, ¿verdad?

Cambiar cómo te hablas para cambiar cómo te ves no es lo mismo que cambiar tu apariencia, porque no es lo mismo cómo te ves que cómo eres en realidad. Aquí puede darse una distorsión de la propia imagen.

Aceptarte comienza por hablarte bien a ti misma: hablarte desde el cariño, con respeto, desde el autocuidado. Tenemos que mejorar muchísimo cómo nos hablamos, cómo nos pensamos, cómo nos describimos.

Y si te cuesta tanto practicarlo es porque lo que llevas aprendiendo toda tu vida, lo que llevas poniendo en práctica hasta ahora, es justo lo contrario: hablarte sin respetos, sin cariño, con juicio. Y practicarlo cuesta.

Sin embargo, si no te «obligas» a cambiar ese autodiálogo, si no te retas a ti misma a practicar un nuevo autodiálogo para ti, una nueva forma de hablarte, posiblemente esto no cambie nunca. Porque no cambia solo, no cambia por arte de magia, igual que no cambia por arte de magia que un día comenzaras a hablarte mal. Nadie nace hablándose mal, nadie nace odiándose.

Tienes que hacerlo tú: tienes que retarte a ti misma a poner en práctica este cambio de autodiálogo. Ahora mismo, mientras me lees, te reto a que tomes conciencia de cómo te hablas e intentes hacer clic para cambiarlo. Porque igual suena duro decirlo (y leerlo), pero si tú no lo cambias, probablemente no cambiará solo. Y si no llega solo y tú no lo cambias, tampoco cambiará la forma en que te piensas, te ves y te quieres (y te aceptas).

**Eres como una plantita;
cuídate y florecerás.**

Voy a contarte una situación que viví hace un tiempo en los probadores de una tienda de ropa. Estaba esperando mientras la persona que venía conmigo se probaba algunas prendas; yo estaba dentro de los probadores pero fuera de la cabina. En el probador contiguo había una mamá con su hijo, de unos cuatro o cinco años. La mamá, entre otras cosas, se probó un vestido tipo primaveral, con flores, superalegre, de esos que te los pones y te iluminan. El hijo, que estaba esperando fuera con el papá, como yo, cuando la vio literalmente FLIPÓ. No te imaginas la cara de esa personita viendo a su mamá. «Mamá, estás guapísima, estás preciosa», le dijo con una ilusión increíble en la voz. La madre le respondió: «Me queda horrible; mira qué tripa me hace». Te aseguro que su hijo ni se fijó en eso, porque no es lo realmente importante.

En esta situación se puede ver que el hijo actúa de forma genuina, sin ser apenas interferido por las normas de la sociedad acerca de cómo debería ser el cuerpo. Vio lo bella que estaba su madre con ese vestido y le habló desde el cariño más puro. Pero esa respuesta de la madre se guarda poco a poco en la memoria, y seguramente, a la próxima, será más fácil que ese niño dé importancia a su barriga y se focalice en ella.

A lo largo del libro he ido mencionando el autodiálogo o diálogo interno, pero ¿por qué es tan importante?

El diálogo interno activa las mismas áreas cerebrales que el diálogo normal. Tiene el mismo peso y fuerza. De hecho, va cargado de creencias y asociaciones superintensas, a veces casi más. Ya dice la frase popular que «no hay peor enemigo que uno mismo». Además, las áreas que muestran la hiperactividad o reactividad cuando se genera son la ínsula y la amígdala, muy relacionadas con las emociones, la atención a las amenazas o el miedo, y que aumentan el malestar y empeoran el estado de ánimo y la ansiedad.

Es decir, hablarte mal es mucho más importante de lo que piensas. Es un diálogo firme, que te crees y que te evoca emociones que te hacen sentir mal.

Si el cómo dices las cosas a los demás puede hacerles sentir mal y evocar emociones como vergüenza, miedo, culpa y frustración, lo mismo puede pasar contigo. ¿Por qué te haces esto a ti?

AUTODIÁLOGO DESTRUCTIVO	AUTODIÁLOGO COMPASIVO
«No valgo para nada».	«No puedo juzgar lo que hice en el pasado con la sabiduría del presente; no tenía esa información».
«Siempre hago las cosas mal».	
«Con este cuerpo, nadie me va a querer».	«Lo hice como supe, aunque podría haberlo hecho distinto».
«Cualquiera puede hacer esto que hago yo».	«Me siento triste por haber suspendido; me esforcé mucho. Me acompaño y transito esa tristeza».
«Qué mal me queda esto; me hace gorda».	
«Qué asco doy».	«Es normal que sienta enfado por haber hecho esto mal; era algo importante para el trabajo, pero todos nos equivocamos. ¿Qué puedo hacer ahora?».
«No tienes que necesitar ayuda; tú sola puedes».	
«No te lo mereces».	«Aunque no cumpla las expectativas de mi madre, me esfuerzo cada día. Yo no puedo cambiar lo que espera ella».
«Eres una vaga».	
«Si tuviera fuerza de voluntad, estaría delgada».	«Como para nutrirme, no para estar delgada; no quiero para mí ese sufrimiento».

Todas esas frases de la columna de la izquierda (autodiálogo destructivo) se elaboran desde la autocrítica y el juicio. Y no, eso no es lo mismo que querer hacerse alguna crítica constructiva de vez en cuando. En primer lugar, el objetivo de estas debe ser construir algo y no destruirse. Y, en segundo lugar, deben hacerse desde el cariño y la compasión, y no desde el juicio y el odio.

Pero ¿qué es la compasión o la autocompasión?

La autocompasión es tu mejor aliada. No es sinónimo de dar lástima, que a veces se confunde. No te das pena a ti misma, ni a los demás, ni los demás a ti. No es eso. Eso quizá sería autoindulgencia. La autocompasión es el arte de poder mirarte con cariño, con amabilidad y con comprensión, sin autocastigo ni juicio, sobre todo cuando ocurren errores o las cosas no salen como esperabas.

Ser compasivo significa aceptar y abrazar el poder equivocarte...; el darte vía libre para ello, sabiendo que no pasa nada porque te tienes a ti. La autocompasión está íntimamente ligada a la autoaceptación, porque aceptarse implica hacerlo con lo «bueno» y lo «malo», con lo que te gusta de ti y lo que no.

La autocompasión es un abrazo cálido a tu alma que te hace sentir segura, te dice que no pasará nada y que, pase lo que pase, eres suficiente y válida.

> Cuida tus pensamientos, porque se convertirán en tus palabras. Cuida tus palabras, porque se convertirán en tus actos. Cuida tus actos, porque se convertirán en tus hábitos. Cuida tus hábitos, porque se convertirán en tu destino.
>
> MAHATMA GANDHI

Según algunos autores, la autocompasión se forma a partir de:

- **Humanidad común:** Aceptar y reconocer que el fracaso personal y el sufrimiento forman parte de la experiencia humana compartida.
- **Amabilidad propia:** En situaciones difíciles, no tratarte con crítica, sino con amor y calidez.
- **Conciencia plena:** Estado mental en el que te hallas receptiva y sin prejuicios hacia tus pensamientos y emociones. Aceptas sin juicio.

¿Cómo puedes trabajar el autodiálogo y la autocompasión?

Sé consciente de tu autodiálogo interno. Trata de identificar cómo te hablas. Es normal que al principio te cueste, pero tu conciencia mejorará mucho a medida que practiques. Si te ayuda, empieza fijándote sobre todo en los momentos en los que sientas malestar. La emoción te avisará de que está pasando algo, y podrás explorar si es porque estás hablándote mal o juzgándote.

Háblate como le hablarías a una amiga. Reformúlalo. Cuando lo identifiques, trata de pensar si a una amiga le habrías respondido así. Seguramente, no. Esto te ayudará a crear el nuevo diálogo interno. Muchas veces, sobre todo al principio, si piensas en ti no te va a salir. Esto se debe a toda la práctica, el aprendizaje y las limitaciones que tienes sobre ello. Por ende, poner el foco en una amiga o en un ser querido puede servir de ayuda para crear ese diálogo nuevo y agradable.

Ofrécetelo y repítetelo. Una vez que hayas identificado el diálogo destructivo y hayas configurado el nuevo desde el cariño, trata de ofrecértelo y decírtelo a ti misma. Seguramente no te lo creas. No pasa nada. La idea es que puedas decírtelo cada vez más y lo hagas cada vez más tuyo. Llegará un día en que te lo creerás y no lo cuestionarás. Aunque te parezca raro, el autodiálogo negativo tampoco lo aprendiste en un día, sino con la repetición.

*No juzgues tu presente
con la sabiduría del pasado.*

ACEPTAR Y RECIBIR ELOGIOS

¿Por qué te sientes incómoda recibiendo elogios o cumplidos? ¿Y por qué es tan importante aprender a recogerlos y recibirlos?

Elogiar es alabar a una persona por sus cualidades o méritos, así que no tiene mucho sentido que genere emociones desagradables o que tiendas a evadirlo sin darte cuenta, como verás más adelante.

Cuando no recoges un halago o lo evades y rechazas, estás haciendo un ejercicio en contra de tu autoestima y el refuerzo hacia ti misma, y perdiéndote los beneficios de interiorizarlo y creértelo. Los halagos ayudan a establecer relaciones, te hacen sentir bien y te refuerzan, te dan a conocer qué gusta a los demás de ti, ayudan a que se inicie y se mantenga la cadena de elogios, y mejoran la autoconfianza y el amor propio.

¿Cómo rechazas los elogios?

Muchas veces te hacen sentir incómoda, y otras no sabes cómo gestionarlos, de modo que:

- **los ignoras:** Alguien te dice algo bonito y haces como que no has oído nada. Por ejemplo, te encuentras por la calle con una amiga a la que hace mucho que no ves:

    —Hola, María. ¡Cuánto tiempo!
    —Pero bueno, qué sorpresa, ¡te has cortado el pelo! Te queda genial.
    —Sí. Cuéntame, ¿cómo estás? ¿Qué tal han ido estos meses?

- **los minimizas:** Eres capaz de darte cuenta del halago, pero en lugar de recogerlo lo desdeñas. Por ejemplo:

    —Oye, qué vestido más bonito llevas. Ese color te sienta genial.
    —¿Sí? ¿Te gusta? Bah, pues es un vestido de rebajas que encontré por ahí.

- **los niegas:** Directamente no te los crees y los niegas. Por ejemplo:

    —¡Qué guapa estás hoy!
    —¡Pero qué dices! Si estoy feísima, mira qué ojeras.

¿Por qué rechazas los elogios?

No te los crees: Tener una baja autoestima o autoconfianza hace que te pongas una coraza o escudo cuando los demás te expresan cosas bonitas. Es como si te rebotaran y no fueras capaz de reflexionar sobre ellas. Una de las partes más importantes de aceptar los elogios es conseguir ese refuerzo social, que no es lo mismo que depender de él; pero, al vivir vinculados con los demás, es muy enriquecedor saber nutrirnos de las cosas bonitas que ven de nosotros.

Crees que aceptarlos es de personas egocéntricas o vanidosas: En nuestra cultura existe cierta enseñanza hacia la modestia, el ser una persona humilde y que no se lo tenga creído. Sin embargo, como leíste en el capítulo de la autoestima, serególatra no tiene nada que ver con tener una autoestima equilibrada. Así pues, aprender a dar espacio a las cosas bonitas que la gente piensa de ti y comenzar a hacerlas tuyas para, poco a poco, ser capaz de verlas es importantísimo y está muy alejado de ser vanidosa.

No sabes hacer otra cosa: Como nunca le has dado importancia, no sabes cómo se recoge un halago. Te bloqueas. Lo más fácil, por tanto, es rechazarlo, evitarlo, etc.

Restauras el equilibrio: Cuando alguien te hace un elogio, tu mente enseguida intenta encontrar el equilibrio devolviéndolo, pero, al hacerlo, en cierta manera te lo estás retirando a ti. Para equilibrar la balanza, o lo niegas o lo devuelves.

Piensas que debes algo: Crees que si alguien te dice algo bonito debes devolvérselo sí o sí. En realidad no es así, pero lo niegas para dejar de sentir esa sensación de deuda.

Crees que tienen un fin interesado: Esto también es producto de la educación y de la herida. «No te fíes de nadie», «Te quiere camelar para luego dejarte en la estacada»... Implica creer que los halagos tienen segundas intenciones, así que no solo te sentirás incómoda, sino que también los rechazarás.

Falsa modestia: Tratas de dar una mejor imagen de ti por rechazar los halagos. Esta razón está relacionada con la del egocentrismo. Si sientes que te afecta, acepta que está bien recoger los elogios.

Como refuerzo devuelto: Niegas el elogio para entrar en un debate en el que la otra persona insiste devolviéndote de nuevo el elogio, tú lo niegas, te insiste, etc., y refuerzas así tu autoestima. Esto se da por un bajo amor propio.

El otro día, precisamente, estaba en sesión con una paciente; acababa de entrar y vi la camiseta que llevaba. Era preciosa, así que se lo dije: «Oye, A., qué bonita camiseta; te ilumina y te queda fenomenal». A lo que ella me respondió: «¿Sí? Pues es de Zara, de esta temporada; aún puedes comprarla». Como ya habíamos trabajado esta cuestión y nos lo tomamos con confianza y humor, la miré con cara de «Ya sabes qué te voy a decir» y le repliqué: «No te he preguntado en ningún momento de dónde es la camiseta; ¿por qué me lo has contado?». Ella se rio y enseguida se dio cuenta de que había ignorado completamente el halago, dando importancia a otra cosa que no tenía nada que ver.

Para poder recoger los elogios de corazón, hay que tener paciencia, reconciliarse con una misma y darse la oportunidad de integrarlos. Y, para tal fin, únicamente hay que decir «G-R-A-C-I-A-S». Sin más, no necesitas nada más. De esa forma recoges el halago, no lo niegas y lo haces tuyo. A su vez, trata de mirar a los ojos a la persona y sonreír para no crear una barrera con tu lenguaje corporal. Y piensa que no es egocéntrico recogerlo; no le debes nada, está bien así y es increíble para trabajar la autoestima.

No puedes hacer magia para creértelo, pero sí empezar a practicarlo para ir interiorizándolo.

Acuérdate: simplemente di «GRACIAS».

12

¿Qué puedo hacer para fomentar una imagen corporal saludable en los demás?

A lo largo del libro he hablado de la importancia de los padres y madres en la crianza con respecto a la información que las criaturas reciben de su cuerpo y cómo van conformando su imagen corporal.

Cuando tienes un hijo o hija, o figuras tan vulnerables cerca, es inevitable que influyas en ellas. Un padre y una madre siempre van a influir en su criatura, así como los abuelos, tutores, profesores y el resto de las figuras de autoridad. Son quienes la educan y pasan más tiempo con ella, así que es evidente que esa personita tenderá a copiarlas y a fusionarse con ellas.

Por eso mismo es tan importante saber qué puedes o no puedes hacer si eres mamá, papá, abuela, hijo o nieta, o si lo serás en un futuro. Porque ya lo dice el dicho: mejor prevenir que curar.

Además, a consulta llegan muchas madres y padres que no saben qué cambios hacer o cómo ayudar. Por aquí te dejo algunos tips importantes:

No hagas comentarios negativos de su cuerpo ni del cuerpo de nadie, tampoco del tuyo. Crecer escuchando cómo es tu cuerpo y cómo debería ser, crecer escuchando asociaciones negativas sobre él, genera que se tienda a rechazarlo. Las figuras de apego son muy importantes para los niños y las niñas, y la información que emiten es muy valiosa. Si ese lenguaje es negativo y descalificativo, tendrá un impacto profundo en esa personita. A cambio, puedes hablar de lo que el cuerpo es capaz de hacer: qué habilidades tiene, por qué es valioso, qué ha conseguido, etc.

No etiquetes ni juzgues la comida. La comida no es buena ni mala en sí misma; puede ser más o menos equilibrada, puede gustarte más o menos, pero no es mejor ni peor según te haga cambiar más o menos el cuerpo. Si comienzas a etiquetar la comida de esa forma, el niño o la niña guardará esa información y la pondrá en práctica. Las hijas e hijos solo quieren complacer a sus progenitores, quieren que todo esté bien, así que tenderán a poner en práctica la información que oigan y que los ayude a ser reforzados en ese sentido.

No les prohíbas comida. Limitar la comida es muy típico cuando la criatura tiene un cuerpo poco normativo. Y sí, los papás y las mamás son quienes deben elegir qué dar de comer porque son los adultos responsables, pero que la información no esté influenciada por la cultura de la dieta y el juicio al cuerpo, o directamente basada en ella. Si a un hijo le das algo, a su hermano o hermana, aunque tenga distinto cuerpo, también. Enséñales a comer de manera equilibrada, nutriendo el cuerpo y la mente, sin restricciones ni prohibiciones, sino con responsabilidad y cariño.

No los compares. No hagas comparaciones con tu cuerpo, con su cuerpo, con el cuerpo de compañeras o compañeros de la escuela, con actores o actrices ni con personas de la calle. No compares su cuerpo si no quieres que interpreten que no son válidos. Acéptalos incondicionalmente. Tampoco compares sus habilidades ni su forma de ser.

No son tu reflejo ni una extensión de ti. Tu hijo o hija no ha venido a este mundo a complacerte ni a cumplir tus expectativas: ser guapa o guapo, sacar buenas notas, vestir bien, ser elegante, ser delgada o delgado, etc. No ha venido a ser el hijo que tú habías idealizado. Ha venido a ser él o ella. Es inevitable anticipar y soñar, pero sí es evitable que esto se exteriorice causando malestar en las criaturas. Acéptalas incondicionalmente, detectando las expectativas y trabajándolas.

Refuerza más allá de conseguir cosas o de hacerlas siempre bien. Es inevitable reforzar el sacar buenas notas, hacer algo perfecto, dibujar bien o aprender rápido, sobre todo cuando se trata de tu hijo o hija y lo amas con locura. Pero hay otras cosas importantes que también son interesantes de reforzar: si ha disfrutado, si se lo ha pasado bien, si le ha servido, si ha aprendido, etc.

Tu hija no tiene que ser la mejor; tiene que ser feliz.

CINCUENTA HALAGOS BONITOS QUE PUEDES HACER Y QUE NO SON HACIA EL FÍSICO

A veces cuesta halagar sin usar el físico, ya que, como comentaba con anterioridad, la sociedad en la que vivimos potencia siempre que el cuerpo sea protagonista, sobre todo el cuerpo perfecto. Aunque te hayan hecho creer que sí, el físico no es tan importante, por eso te dejo una lista de cincuenta halagos que puedes hacer a una persona sin que tengan nada que ver con su físico. Te animo a que comiences a usarlos con las personas que te rodean.

1. Admiro tu forma de mirar la vida.
2. Te iluminas cuando sonríes.
3. Me siento muy agradecida de haberte conocido.
4. Tienes una ternura increíble.
5. Contigo me siento en calma.
6. Me inspiras.
7. Me encanta el rollo que llevas.
8. Eres pura magia.
9. Tu estilo es espectacular.
10. Me haces sentir bien.
11. Eres arte.
12. Tu risa es contagiosa.
13. Contigo me siento segura.
14. Qué gusto dan tus abrazos.
15. Eres luz.
16. Me transmites mucha confianza.
17. Estás radiante.
18. Qué bonito brillas.
19. Qué bonito compartir este momento contigo.
20. Tienes un corazón enorme.
21. Tu compañía siempre es especial.
22. Me encanta cómo eres siendo tú.
23. Gracias por ser parte de la familia que elijo.
24. Tienes una energía que me encanta.
25. Me motiva mucho verte disfrutar de tu pasión.
26. Te siento hogar.
27. Tienes un alma bella y llena de color.

28. Me encanta escucharte.
29. Tu voz me relaja.
30. Contigo me siento en paz.
31. Me conmueve tu empatía.
32. Admiro tu creatividad.
33. Me encanta ver cómo te brillan los ojos cuando algo te gusta.
34. Tu sonrisa habla por sí sola.
35. Contigo puedo ser yo.
36. Me haces sentir querida.
37. Gracias por apreciarme.
38. Gracias por enseñarme un nuevo punto de vista.
39. Qué bonito verte.
40. Estar contigo me nutre.
41. Eres pura sabiduría.
42. La vida me ha dado el mejor regalo: tú.
43. Tienes una fortaleza increíble; la admiro.
44. Hablar contigo es sanador.
45. Eres muy importante para mí.
46. Te quiero tal como eres.
47. Estoy muy orgullosa de ti.
48. Sabes querer bien.
49. Admiro lo amable y buena que eres.
50. Gracias por ser tan comprensiva.

13

Mi cuerpo, mi templo, mi lugar seguro

Tu cuerpo es la figura que te porta, que te acompaña, que te lleva y te trae. Tu cuerpo te permite andar, caminar, trabajar, ir al cine, ver a tu familia, jugar con tus hijas, hijos o sobrinos. Te permite VIVIR. Tu cuerpo te sigue en tus vivencias, en tu día a día; te permite saborear y disfrutar todas y cada una de las experiencias de la vida. Tu cuerpo te porta y te aporta.

Pese a todo, no se pierde y sigue ahí. El cuerpo, que te permite y te acompaña, solo es «valorado» cuando hay delgadez. Solo es «valorado» cuando lo miras desde la exigencia, solo es «valorado» cuando intentas que sea perfecto. Solo es «valorado» desde el sacrificio y el maltrato. ¿Se lo merece? ¿Te lo mereces?

> Tu cuerpo es tu esencia,
> es parte de ti, tu todo.

Cuando ves tu cuerpo como un templo, como un hogar; cuando interiorizas esa idea, comienzas a tratarlo desde la inmensidad que se merece. Desde lo más grande hasta lo más pequeñito. Desde lo más físico hasta lo más espiritual. Más allá de la banalidad de un físico o una imagen. El cuerpo es el lugar donde encontrar calma, seguridad, cobijo.

Párate unos segundos a reflexionar cómo lo has tratado, cómo lo tratas y cómo lo tratarás. ¿Crees que estás cuidándolo?

La única persona que te va a acompañar toda la vida, veinticuatro horas al día, cada segundo, eres tú misma. Te mereces ser imperfecta, te mereces ser única, te mereces ser diferente, te mereces ser tú. Te mereces ser tu mejor compañía.

Cambiar cómo ves tu cuerpo es importante para poder cambiar cómo lo tratas.

Es un compromiso de salud integral contigo. Sin juicio ni castigo. Con cariño y compasión.

Por ello, te dejo dos ejercicios que te ayudarán a terminar de conectar con él para abrazarlo y reconciliarte.

EJERCICIO
Gracias, cuerpo

Te animo a que no solo hagas este ejercicio ahora, sino que lo pongas en práctica todos los días.

1. ¿Qué te ha permitido conseguir tu cuerpo?
   _____
   _____
   _____
   _____
   _____
   _____

2. ¿Qué te permite hacer tu cuerpo?
   _____
   _____
   _____

3. Escribe quince agradecimientos hacia ti (sí, parecen muchos, pero no lo son):

4. Escribe quince agradecimientos hacia tu cuerpo:

EJERCICIO
Carta al cuerpo

El objetivo de la carta es que te reconcilies con tu cuerpo, aprovechando el ejercicio para pedir perdón por aquellas conductas de maltrato, de odio y de sufrimiento en las que hayas incurrido hacia ti y hacia tu cuerpo, por ser víctima de una sociedad que no te acompaña en el proceso de amarte, por heridas abiertas, por recuerdos. Lo hiciste como supiste y te enseñaron, y ahora, si te apetece, toca aprender a hacerlo de otra manera, una más amable y cariñosa contigo. Por ello, esta carta también es una oportunidad para agradecerle a tu cuerpo todo aquello para lo que te ha servido, para agradecerle que funcione, que te permita vivir. Agradécele todo lo que te apetezca; es tu momento. A partir de esta carta comenzará una nueva relación con él.

Te animo a empezar conectando contigo y con tu cuerpo con unas respiraciones profundas que te permitan fusionarte contigo. Inhalando y exhalando, céntrate en cómo entra el aire, en cómo sale. Después coge papel y boli, y comienza a escribir. Quítate las gafas de la crítica y conecta con tu yo más humano.

Trata de buscar un momento íntimo y un lugar calmado para reencontrarte contigo. Busca un momento en el que tengas más receptividad y más apertura a soltar. Y, por supuesto, déjate sentir, ya que saldrán emociones que tendrás que darte permiso para cobijar y abrazar.

Para escribir la carta, te animo a que haya:

- Introducción: Cuenta el porqué de esta carta, describe la relación con tu cuerpo, el trato que has tenido con él hasta ahora, etc.
- Nudo: Aquí trata de agradecer qué ha hecho el cuerpo por ti, qué quiere seguir haciendo, qué te ha aportado, en qué te ha ayudado... En general, dale gracias por ser, sea como sea; simplemente por ser y estar. Este también es un buen momento para pedir perdón por cómo lo has tratado, para describir qué ha hecho «mal», qué le duele y qué siente. Conecta de forma no crítica y genuina.

- Desenlace: Después del agradecimiento y el perdón, redacta cómo intentarás tratar a tu cuerpo a partir de ahora, cómo será tu relación con él, cómo van a cambiar las cosas... Debe ser desde el compromiso y la responsabilidad.

Una vez que escribas la carta, ciérrala, guárdala y léela al día siguiente conectando contigo y con ella. Conecta de nuevo con respiraciones.

Agradecimientos

Gracias a ti, por haber llegado hasta aquí y caminar conmigo para nutrirte de *Sanar para aceptar mi cuerpo*. Espero que ahora estés un poquito más cerca de comprenderte y de abrazarte un poquito más cada día.

Gracias a las personas que acompaño cada día en terapia, que deciden confiar en mí, regalarme la expresión de su intimidad y permitirme ser testigo y guía de su íntimo proceso de sanación.

Gracias a ti, Alba, por confiar en mí, proponerme este proyecto y acompañarme en el intenso proceso. Me siento agradecida y afortunada por ello. Y también a todo el equipo de Grijalbo por su maravilloso trabajo. Os admiro muchísimo. Gracias por dejarme plasmar un trocito de mi labor en estas páginas.

Gracias a todos mis seres queridos (familia, pareja, amigas y amigos…) que me han querido y acompañado en este proyecto, que me han sostenido y escuchado cuando más lo necesitaba y que, sobre todo, han confiado en mí y me han sostenido cuando yo tambaleaba. Y no solo ahora, escribiendo, sino siempre. Gracias.

Bibliografía

1. Hablemos de autoestima

Branden, N., *Los seis pilares de la autoestima*, Barcelona, Paidós, 1995.
Rojas, E., *¿Quién eres?*, Madrid, Temas de Hoy, 2001, pp. 320-324.

2. Imagen corporal

Álamo, M. del, *¿Por qué como si no tengo hambre? Las claves para quererte, comprenderte y mejorar la relación con la comida*, Madrid, Anaya Multimedia, 2020.
Asociación Americana de Psiquiatría, *Guía de consulta de los criterios diagnósticos del DSM-5*, Arlington, Asociación Americana de Psiquiatría, 2013.
Benninghoven, D., et al., «Perceptual body image of patients with anorexia or bulimia nervosa and their fathers», *Eating and weight disorders-studies on anorexia, bulimia and obesity*, vol. 12, n.º 1, 2007, pp. 12-19.
Ehmke, R., «What is body dysmorphic disorder?», *Child Mind Institute*, <https://childmind.org/article/body-dysmorphic-disorder/>.
Gracia-Arnaiz, M., «Comer bien, comer mal: la medicalización del comportamiento alimentario», *Salud Pública de México*, vol. 49, n.º 3, 2007, pp. 236-242.

Khemlani-Patel, S. «Motivating people with BDD to participate in treatment», *International OCD Foundation*, <https://bdd.iocdf.org/professionals/motivation>.

Leone, J., y Edward, J., «Recognition and treatment of muscle dysmorphia and related body image disorders», *Journal of Athletic Training*, vol. 40, n.º 4, 2005, pp. 352-359.

Mancuso, L., *et al.*, «Diversidad corporal, pesocentrismo y discriminación: la gordofobia como fenómeno discriminatorio», *Inclusive*, n.º 4, año 2, 2021, pp. 12-16.

Mann, T., *et al.*, «Medicare's search for effective obesity treatments: diets are not the answer», *American Psychologist*, vol. 62, n.º 3, 2007, pp. 220-233.

Mountford, V.; Haase, A., y Waller, G., «Body checking in the eating disorders: Associations between cognitions and behaviors», *International Journal of Eating Disorders*, vol. 39, n.º 8, 2006, pp. 708-715.

Perkins, A., «Body dysmorphic disorder: The drive for perfection», *Nursing*, vol. 49, n.º 3, 2019, pp. 28-33.

Phillips, K. A., *The Broken Mirror: Understanding and Treating Body Dysmorphic Disorder*, Oxford, Oxford University Press, 2005.

Piñeyro, M., *Stop gordofobia y las panzas subversas*, Málaga, Zambra, 2016.

Seijo, N., «El yo rechazado: cómo trabajar con la distorsión de la imagen corporal en los trastornos alimentarios», *ESTD Newsletter*, vol. 5, n.º 4, 2016, pp. 5-14.

Shafran, R., *et al.*, «Body checking and its avoidance in eating disorders», *International Journal of Eating Disorders*, vol. 35, n.º 1, 2004, pp. 93-101.

Sprovera, M.-A. E., y González, E. A., «El estudio de la obesidad y la gordura desde la sociología y la psicología social», *Athenea Digital*, vol. 20, n.º 2, 2020, p. e-2300.

Suárez García, C., *Gordofobia: Un tránsito entre la enfermedad y la cosificación del cuerpo femenino*, trabajo de grado, La Laguna, Universidad de La Laguna, 2017.

Villalobos, J. A. L., y Valle, P. del, «Trastornos de la imagen corporal en alteraciones del comportamiento alimentario», *Aspectos actuales en Medicina. Libro homenaje al Dr. Monchón*, Palencia, Colegio Oficial de Médicos, 2008, pp. 75-84.

3. Entendiéndome y comprendiendo mi historia

Ainsworth, M. D. S., *et al.*, *Patterns of Attachment: A Psychological Study of the Strange Situation*, Hillsdale, Erlbaum, 1978.
Bourbeau, L., *Las cinco heridas que impiden ser uno mismo*, Barcelona, Ob Stare, 2014.
—, *Escucha a tu cuerpo: Es tu mejor amigo en la tierra*, Málaga, Sirio, 2016.
—, *La sanación de las 5 heridas*, Málaga, Sirio, 2017.
Bowlby, J., *Attachment and Loss: Vol. 1. Attachment*, Nueva York, Basic Books, 1969.
—, «The making and breaking of affectional bonds», *The British Journal of Psychiatry*, vol. 130, 1977, pp. 201-210.
Cassidy, J., y Shaver, P. R. (eds.), *Handbook of Attachment: Theory, Research, and Clinical Applications*, Nueva York, Guilford Press, 2016.
Casullo, M. M., y Fernández Liporace, M., «Evaluación de los estilos de apego en adultos», *Anuario de Investigaciones*, vol. 12, 2005, pp. 183-192.
Cobo García, M., *Teoría del apego: cómo se forma el adulto emocional*, trabajo de grado, Santander, Universidad de Cantabria, 2020.
Fernández Raposo, C., *Relación entre estilos de apego adulto y rasgos de la personalidad en dos casos clínicos*, trabajo final de máster, Oviedo, Universidad de Oviedo, 2021.
Gunlicks-Stoessel, M., *et al.*, «The role of attachment style in interpersonal psychotherapy for depressed adolescents», *Psychotherapy Research*, vol. 29, n.º 1, 2019, pp. 78-85.
Herrero, I. L., *Apego, imagen corporal y calidad de vida en adoles-*

centes con trastornos de la conducta alimentaria, tesis doctoral, Universidad Nacional de Educación a Distancia, 2020.

Honari, B., y Saremi, A. A., «The study of relationship between attachment styles and obsessive love style», *Procedia - Social and Behavioral Sciences*, vol. 165, 2015, pp. 152-159.

Lee, A., y Hankin, B. L., «Insecure attachment, dysfunctional attitudes, and low self-esteem predicting prospective symptoms of depression and anxiety during adolescence», *Journal of Clinical Child and Adolescent Psychology*, vol. 38, n.º 2, 2009, pp. 219-231.

Leone, J. E.; Sedory, E. J., y Gray, K. A., «Recognition and treatment of muscle dysmorphia and related body image disorders», *Journal of Athletic Training*, 2005, vol. 40, n.º 4, 2005, pp. 352-359.

López, F., *Amores y desamores: Procesos de vinculación y desvinculación sexuales y afectivos*, Madrid, Biblioteca Nueva, 2009.

Mikulincer, M., y Shaver, P. R., *Attachment in Adulthood: Structure, Dynamics, and Change*, Nueva York, Guilford Press, 2016.

Pacas, P. R.; Drago, H. D. C., y Andrade, M. C., «Una aproximación a la clasificación de heridas afectivas», *Revista de Psicología*, vol. 11, n.º 1, 2021, pp. 145-167.

Pereda, N.; Forns, M., y Abad, J., «Prevalencia de acontecimientos potencialmente traumáticos en universitarios españoles», *Anales de Psicología*, vol. 29, n.º 1, 2013, pp. 178-186.

Sarrió, A. R., «Heridas emocionales. Heridas pendientes de sanar para ser feliz», *Misión Joven*, n.º 446, 2014, pp. 5-14.

Schore, A. N., *Affect Regulation and the Repair of the Self*, Nueva York, Norton, 2015.

Segrelles, M., *Abraza a la niña que fuiste*, Barcelona, Penguin Random House, 2023.

Seijo, N., «El yo rechazado: EMDR y trastornos alimentarios», *Revista Iberoamericana de Psicotraumatología y Disociación*, vol. 4, n.º 2, 2012.

—, «Eating Disorders and Dissociation», *ESTD Newsletter*, vol. 4, n.º 1, 2015, pp. 9-16.

—, «El yo rechazado: cómo trabajar con la distorsión de la imagen

corporal en los trastornos alimentarios», *ESTD Newsletter*, vol. 5, n.º 4, 2016, pp. 5-14.
Siegel, D. J., y Solomon, M. (eds.). *Healing Trauma: Attachment, Mind, Body, and Brain*, Nueva York, Norton, 2003.
Simpson, J. A., y Rholes, W. S., «Adult attachment, stress, and romantic relationships», *Current Opinion in Psychology*, vol. 13, 2017, pp. 19-24.
Stamateas, B., *Gente tóxica*, Barcelona, Ediciones B, 2011.
—, *Heridas emocionales*, Barcelona, Ediciones B., 2012.
Stanton, S. C. E.; Campbell, L., y Pink, J. C., «Benefits of positive relationship experiences for avoidantly attached individuals», *Journal of Personality and Social Psychology*, vol. 113, n.º 4, 2017, pp. 568-588.
Thompson, J. K., *Body Image disturbance: Assessment and Treatment*, Nueva York, Pergamon Press, 1990.
Young, E. S., *et al.*, «Childhood attachment and adult personality: A life history perspective», *Self and Identity*, vol. 18, n.º 1, 2017, pp. 1-17.

4. Entiende cómo te relacionas contigo y con los demás: los estados del yo

Berne, E., «Principles of transactional analysis», *Indian Journal of Psychiatry*, vol. 38, n.º 3, 1996, pp. 154-159.
—, *What Do You Say After You Say Hello*, Londres, Corgi, 2010.
—, *Transactional Analysis in Psychotherapy: A Systematic Individual and Social Psychiatry*, Potomac, Pickle Partners, 2016.
—, *Juegos en que participamos*, Barcelona, RBA Integral, 2007.
Gimeno-Bayón, A., *Comprendiendo cómo somos: Dimensiones de la personalidad*, Bilbao, Desclée De Brouwer, 2008.
—, *Análisis transaccional para psicoterapeutas. Volumen I: Conceptos fundamentales para el diagnóstico y la psicoterapia*, Lleida, Milenio, 2012.
Kuijt, J., «Differentiation of the adult ego state: Analytical adult

and experiencing adult», *Transactional Analysis Journal*, vol. 10, n.º 3, 1980, pp. 232-237.

5. Los pensamientos deformados sobre mí

Bell, L., y Rushforth, J., *Superar una imagen corporal distorsionada: Un programa para personas con trastornos alimentarios*, Madrid, Alianza, 2010.

Biali, S., «How to stop comparing yourself to others», *Psychology Today*, 2018, <https://www.psychologytoday.com/intl/blog/prescriptions-life/201803/how-stop-comparing-yourself-others>. Consultado el 14 de marzo de 2023.

Cash, T. F., «The situational inventory of body-image dysphoria: psychometric evidence and development of a short form», *International Journal of Eating Disorders*, vol. 32, n.º 3, 2002, pp. 362-366.

David, S., *Agilidad emocional: Rompe tus bloqueos, abraza el cambio y triunfa en el trabajo y en la vida*, Málaga, Sirio, 2020.

González, A., et al., *Psicoterapia positiva: Guía de ejercicios basados en la psicología positiva para intervenir sobre síntomas*, Madrid, Colegio Oficial de Psicólogos de Madrid, 2017.

Grant, J. R., y Cash, T. F., «Cognitive-behavioral body image therapy: Comparative efficacy of group and modest-contact treatments», *Behavior Therapy*, vol. 26, n.º 1, 1995, pp. 69-84.

Hayes, S. C., *Una mente liberada: La guía esencial de la Terapia de Aceptación y Compromiso (ACT)*, Barcelona, Paidós, 2020.

O'Connell, M., *Una vida valiosa*, Barcelona, Ediciones B, 2018.

Raich, R., *Imagen corporal: Conocer y valorar el propio cuerpo*, Madrid, Pirámide, 2010.

Sepúlveda, A. R.; Botella, J., y León, J. A., «La alteración de la imagen corporal en los trastornos de la alimentación: un meta-análisis», *Psicothema*, vol. 13, n.º 1, 2001, pp. 7-16.

Sutton, J., «16 Decatastrophizing Tools, Worksheets, and Role-Plays», *PositivePsychology*, 2020, <https://positivepsychology.

com/decatastrophizing-worksheets/>. Consultado el 14 de marzo de 2023.
Vázquez, C., *Técnicas cognitivas de intervención clínica*, Madrid, Síntesis, 2003.
Villalobos, J. A. L., y Valle, P. del, «Trastornos de la imagen corporal en alteraciones del comportamiento alimentario», *Aspectos actuales en Medicina. Libro homenaje al Dr. Monchón*, Palencia, Colegio Oficial de Médicos, 2008, pp. 75-84.

6. TU SISTEMA DE CREENCIAS: CREENCIAS LIMITANTES

Barragán, R., «Nuestras creencias ¿limitantes o potencializadoras?», Puebla, Repositorio de la Universidad Iberoamericana de Puebla, 2012.
Coronado, J. A, «Top 100 creencias limitantes para transformar», *Saludterapia*, 2018, <https://www.saludterapia.com/articulos/a/2637-100-creencias-limitantes-para-transformar.html>. Consultado el 17 de octubre de 2023.
Geraerts, E., *et al.*, «Lasting false beliefs and their behavioral consequences», *Psychological Science*, vol. 19, n.º 8, 2008, pp. 749-753.

7. EMOCIONES Y SATISFACCIÓN CORPORAL

Álamo, M. del, y Vitoria, M., *Mi ciclo menstrual. Una perspectiva integral: psicología y nutrición*, Madrid, Anaya Multimedia, 2022.
Hirschmann, J. R., y Munter, C. H., *When Women Stop Hating Their Bodies: Freeing Yourself from Food and Weight Obsession*, Nueva York, Ballantine Books, 1996.

8. DUELO POR EL CUERPO DESEADO

Bowlby, J., *Vínculos afectivos: Formación, desarrollo y pérdida*, Madrid, Morata, 1999, pp. 107-108, 111.

Espinosa, J. L. L., «Duelo y pérdida corporal», *Informaciones psiquiátricas*, n.º 163, 2001, pp. 43-56.
Gimeno-Bayón, A., *Comprendiendo la psicoterapia de la Gestalt*, Lleida, Milenio, 2012.
Hernández, A.; Almonacid, V., y Garcés, V., «Cáncer e imagen: el duelo corporal», *Duelo en Oncología*, Madrid, Sociedad Española de Oncología Médica, 2014, pp. 183-196.
Oviedo Soto, S. J.; Parra Falcón, F. M., y Marquina Volcanes, M., «La muerte y el duelo», *Enfermería Global*, 15, 2009.

9. Aceptación corporal y relación con la comida

Álamo, M. del, *¿Por qué como si no tengo hambre? Las claves para quererte, comprenderte y mejorar la relación con la comida*, Madrid, Anaya Multimedia, 2020.
—, y Vitoria, M., *Mi ciclo menstrual. Una perspectiva integral: psicología y nutrición*, Madrid, Anaya Multimedia, 2022.
Bak, W., «Self-Standards and self-discrepancies. A structural model of self-knowledge», *Current Psychology*, vol. 33, n.º 2, 2014, pp. 155-173.
Garaulet, M., *et al.*, «Validation of a questionnaire on emotional eating for use in cases of obesity; the Emotional Eater Questionnaire (EEQ)», *Nutrición Hospitalaria*, vol. 27, n.º 2, 2012, pp. 645-651.
Nuttall, F. Q., «Body mass index: Obesity, BMI, and health: A critical review», *Nutrition Today*, vol. 50, n.º 3, 2015, pp. 117-128.
O'Hara, L., y Taylor, J., «What's wrong with war on obesity? A narrative review of the weight-centered health paradigm and development of the 3C framework to build critical competency for a paradigm shift», *SAGE Open*, vol. 8, n.º 2, 2018, pp. 1-28.
Seijo, N., «El yo rechazado: cómo trabajar con la distorsión de la imagen corporal en los trastornos alimentarios», *ESTD Newsletter*, vol. 5, n.º 4, 2016, pp. 5-14.
—, *The Intuitive Eating Workbook: Ten Principles for Nourishing a*

Healthy Relationship with Food, Oakland, New Harbinger Publications, 2017.
—, *Intuitive Eating: A Revolutionary Anti-Diet Approach*, Nueva York, St. Martin's Essentials, 2020.

10. ¿Cómo me trato?

Álamo, M. del, y Vitoria, M., *Mi ciclo menstrual. Una perspectiva integral: psicología y nutrición*, Madrid, Anaya Multimedia, 2022.
Puente, C. P., *et al.*, «Estrategias de afrontamiento ante situaciones de estrés: Un análisis comparativo entre bomberos con y sin experiencia», *Revista de Psicología del Trabajo y de las Organizaciones*, vol. 16, n.º 3, 2000, pp. 341-356.

11. Cambia contigo y con los demás

Alderson-Day, B., y Fernyhough, C., «Inner speech: development, cognitive functions, phenomenology, and neurobiology», *Psychological Bulletin*, vol. 141, n.º 5, 2015, pp. 931-965.
Breines, J., *et al.*, «Self-compassion as a predictor of interleukin-6 response to acute psychosocial stress», *Brain, Behavior and Immunity*, n.º 37, 2014, pp. 109-114.
Caballo, V. E., «Asertividad: definiciones y dimensiones», *Estudios de Psicología*, vol. 4, n.º 13, 1983, pp. 51-62.
Castanyer, O., *La asertividad: Expresión de una sana autoestima*, Bilbao, Desclée De Brouwer, 2004.
Martínez Sahuquillo, I., «La identidad como problema social y sociológico», *Arbor*, vol. 182, n.º 722, 2006, pp. 811-824.
Martins-da-Cunha, J. M., *El espacio personal en la comunicación*, tesis doctoral, Pamplona, Universidad de Navarra, 2017.
Monjas, M. I., *Cómo promover la convivencia: Programa de Asertividad y Habilidades Sociales (PAHS)*, Madrid, CEPE, 2007.
Montoya Vásquez, E. M., *et al.*, «Disponibilidad y efectividad de

relaciones significativas: elementos claves para promover resiliencia en jóvenes», *Index de Enfermería*, vol. 25, n.º 1-2, 2016, pp. 22-26.

Neff, K. D.; Rude., S. S., y Kirkpatrick, K. L., «An examination of self-compassion in relation to positive psychological functioning and personality traits», *Journal of Research in Personality*, vol. 41, n.º 4, 2007, pp. 908-916.

Real Academia Española, *Diccionario de la lengua española*, 23.ª ed. [versión 23.6 en línea], <https://dle.rae.es>.

Reolid Lorenzo, V., *Propuesta de un programa de intervención para la mejora de las habilidades sociales en adolescentes*, trabajo final de máster, Castellón, Universidad Jaume I, 2015.

Roca, E., *Cómo mejorar tus habilidades sociales*, Valencia, ACDE, 2014.

Rocha, B. L., *et al.*, «Estilos de apego parental y dependencia emocional en las relaciones románticas de una muestra de jóvenes universitarios en Colombia», *Diversitas: Perspectivas en Psicología*, vol. 15, n.º 2, 2019, pp. 285-299.

Rosendo, E., *Poner límites, una forma de dar amor*, Uruguay, Concepto, 2008.

Stamateas, B., *No me maltrates: Cómo detener y poner límites al maltrato verbal*, Barcelona, B DE BOOKS, 2014.

Villa Moral, M. de la, *et al.*, «Violencia en el noviazgo, dependencia emocional y autoestima en adolescentes y jóvenes españoles», *Revista Iberoamericana de Psicología y Salud*, vol. 8, n.º 2, 2017, pp. 96-107.

«Para viajar lejos no hay mejor nave que un libro».
EMILY DICKINSON

Gracias por tu lectura de este libro.

En **penguinlibros.club** encontrarás las mejores recomendaciones de lectura.

Únete a nuestra comunidad y viaja con nosotros.

penguinlibros.club